Landschaften auf
WESTKRETA

ein Auto- und Wanderführer
Dritte Auflage

Jonnie Godfrey und Elizabeth Karslake
deutsch von
Andreas Stieglitz

SUNFLOWER
BOOKS

Dritte Auflage 1997
Sunflower Books^wz
12 Kendrick Mews
GB-London SW7 3HG

Copyright © 1997
Sunflower Books
Alle Rechte vorbehalten.
Ohne vorherige schriftliche
Erlaubnis des Verlages darf
kein Teil dieses Buches
elektronisch, fotomechanisch,
durch Fotokopie, Bandaufnahme oder auf andere Weise
vervielfältigt oder gespeichert
werden.

ISBN 1-85691-096-2

*Rechts: Kirche in Stalos
(Wanderung 1)*

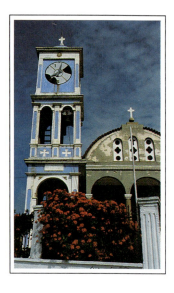

Wichtiger Hinweis an die Leser

Wir haben uns um Beschreibungen und Karten bemüht, die zum Zeitpunkt der Drucklegung fehlerfrei sind. Zukünftige Neuauflagen werden aktualisiert, sofern dies erforderlich ist. Es wäre für uns sehr hilfreich, Ihre Verbesserungsvorschläge zu erhalten. Bitte senden Sie Anregungen und Kritik auf Deutsch oder Englisch an den Verlag.

Wir verlassen uns auch darauf, daß die Benutzer dieses Buches — insbesondere Wanderer — die Landschaft mit Besonnenheit und Umsicht erkunden. Auf Kreta können sich die Gegebenheiten schnell ändern und durch **Sturmschäden oder Bauarbeiten eine Route jederzeit gefährden.** Sollte einmal eine Wanderroute anders als hier beschrieben sein und Ihnen der weitere Weg unsicher erscheinen, kehren Sie zum Ausgangspunkt zurück. ***Versuchen Sie niemals, eine Tour unter gefährlichen Bedingungen fortzusetzen!*** Lesen Sie bitte sorgfältig die Seiten 37 bis 43 sowie die einleitenden Planungshinweise (hinsichtlich Straßenzustand, Ausrüstung, Schwierigkeitsgrad, Länge, Gehzeit usw.) zu Beginn einer jeden Tour. Gehen Sie mit *Umsicht* auf Erkundungstour, und nehmen Sie dabei Rücksicht auf die Schönheit der Landschaft.

*Umschlagfoto: Abstieg nach Loutro (Wanderung 23)
Titelseite: Die Weißen Berge (Levka Ori)*

Foto Seite 4: Jeremy Hosking; Fotos Seite 118-119 und 131: Tanya Tsikas; alle anderen Fotos: Elizabeth Karslake
Karten und Stadtpläne: Pat und John Underwood
Druck und Einband in England von KPC Group, Ashford, Kent

Inhalt

Vorwort	5
Danksagung; Hintergrundliteratur	6
Verkehr	7
Stadtpläne von Hania und Rethimnon	8-9
Picknickausflüge	10
Picknickvorschläge	11
Hinweise zum Natur- und Landschaftsschutz	13
Autotouren	14
Einige wichtige Hinweise	15
DER FERNE WESTEN (TOUR 1)	16

Hania • (Kastelli) • (Polirinia) • Sfinari • Vathi • Kloster Chrisoskalitisas • (Elafonisi) • Elos • Topolia • Hania

PALEOHORA UND DIE STRÄNDE DER SÜDKÜSTE (TOUR 2) — 20

Hania • Tavronitis • Voukolies • Kandanos • Paleohora • Kandanos • (Sougia) • Hania

LÄNDLICHE STREIFZÜGE, VERSTECKTE KÜSTENWINKEL UND KRETISCHE HOCHWEIDEN (TOUR 3) — 22

Hania • Nea Roumata • Agia Irini • Epanohori • Sougia • Omalos-Ebene • Lakki • Fournes • Hania

DIE HALBINSEL AKROTIRI (TOUR 4) — 25

Hania • Kounoupidiana • Stavros • Kloster Agia Triada • Kloster Gouverneto • (Friedhof an der Souda-Bucht) • Hania

AM FUSSE DER WEISSEN BERGE (LEVKA ORI) (TOUR 5) — 27

Hania • Aptera • Katohori • Kambi • Mournies • Hania

QUER DURCH DIE INSEL (TOUR 6) — 28

Hania • Vrises • Askyfou • Hora Sfakion • Frangokastello • Selia • Asomatos • Kloster Preveli • Rethimnon • Episkopi • Georgioupoli • Hania

KRETISCHE PERLEN (TOUR 7) — 33

Hania • (Rethimnon) • Armeni • Spili • Agia Galini • Festos • Agia Triada • Hania

DAS AMARITAL (TOUR 8) — 35

Hania • Rethimnon • Apostoli • Thronos • Fourfouras • Agios Ioannis • Gerakari • Rethimnon • Hania

Wandern	37
Wanderführer, Wegzeichen und Karten	38
Hunde, Schlangen und Insekten	39
Ausrüstung	39
Unterkunft	40
Wetter	40
Wichtige Hinweise für Wanderer	41
Griechisch für Wanderer	41
Vorbereitung der Wanderungen	43

4 Landschaften auf Westkreta

DIE WANDERUNGEN

1 Rundwanderung über Agia — 44
2 Theriso • Zourva • Meskla • Lakki — 47
3 Von Katohori nach Stilos (oder Nio Horio) — 50
4 Kambi • Volika-Hütte • Kambi — 52
5 Rundwanderung um Georgioupoli — 57
6 Alikampos • Kournas-See • Georgioupoli — 60
7 Die Prassanosschlucht — 62
8 Rethimnon • Kapadiana • Chromonastiri • Myli • (Perivolia) — 66
9 Das minoische Gipfelheiligtum auf dem Vrissinas — 69
10 Kloster Gouverneto und Kloster Katholikou — 71
11 Rodopos • Kirche Agios Ioannis Gionis • Rodopos — 72
12 Rodopos • Kolimbari • Kloster Gonia — 76
13 Von Sirikari nach Polirinia — 78
14 Katsomatados • Mouri • Voulgaro — 80
15 Sasalos • Katsomatados • Topolia — 84
16 Die Irinischlucht — 86
17 Sougia • Lisos • Paleohora — 88
18 Von Paleohora (Krios-Strand) nach Elafonisi — 90
19 Xiloskala • Linoseli-Sattel • Berg Gingilos • Xiloskala — 92
20 Eine Hochgebirgs-Rundwanderung von der Kallergi-Hütte aus — 95
21 Die Samariaschlucht — 99
22 Von Agia Roumeli nach Loutro — 102
23 Loutro und die Aradhenaschlucht — 104
24 Von Loutro nach Hora Sfakion — 110
25 Imbrosschlucht • Komitades • Hora Sfakion — 111
26 Askyfou • Asfendos • Agios Nektarios — 113
27 Rundwanderung über das Kloster Preveli — 117
28 Ano Meros • Gipfel Tripiti • Ano Meros — 121
29 Fourfouras • Gipfel Leska • Fourfouras — 124
30 Die Kamareshöhle — 127
31 Eleftherna — 130

Busfahrpläne — 133
Ortsregister — 135
Ausfaltbare Inselkarte — zwischen Seite 16 und 17

Jonnie (links) und Elizabeth auf dem Weg nach Elafonisi (Wanderung 18)

Vorwort

Berge, die steil aus dem Meer aufragen, tiefe bewaldete Schluchten und grüne Täler... und weitere herrliche Berge, die sich stolz erheben, magisch den Blick auf sich ziehen und zum Träumen verleiten — das ist der Westen Kretas oder, wie manche behaupten, das wahre Kreta. Diese Landschaft ist von herbem Reiz und eigentümlicher Leuchtkraft — eine Landschaft, die über Jahrtausende der Schauplatz von Heldensagen, alten Kulturen und ständiger Ränke gewesen ist. Heute ist sie die Heimat eines über die Jahrhunderte unbeugsam gewordenen, durch das harte Landleben robusten Volkes.

Um den Westen Kretas kennenzulernen, braucht man Zeit. Bis heute besuchen nur wenige Touristen mehr als die üblichen Sehenswürdigkeiten. Dieses Buch soll Abhilfe schaffen und dabei behilflich sein, das Herz der Insel zu erschließen. Sei es, daß man Kreta zum ersten oder zweiten Mal besucht und nicht genau weiß, was man unternehmen soll, oder daß man vom Zauber der Insel schon ergriffen ist und ganz einfach einen zuverlässigen und umfassenden Führer braucht, der sich von anderen Reiseführern abhebt. Dieses Buch ermuntert dazu, Kreta in ganzer Tiefe kennenzulernen. Weiterer Anregungen bedarf es nicht, wenn man einen ersten Eindruck gewonnen hat.

»Landschaften auf Westkreta« — im bewährten Format der anderen Titel aus dem Sunflower-Verlag — führt in Gegenden abseits des Massentourismus und beschreibt zugleich die beliebtesten Routen und Ausflugsziele. Diese dritte Auflage wurde nicht nur gründlich überarbeitet und mit neuen Karten versehen, sondern enthält auch viele neue Wanderungen von Rethimnon aus.

Jeder hat schon einmal von der Samariaschlucht gehört — zu Recht. Wer jedoch erwägt, die Schlucht zu durchwandern (ein langer und anstrengender Marsch), kann auch eine Reihe anderer Wanderungen dieses Buches bewältigen und dabei weitere wunderschöne Landstriche kennenlernen. Darüber hinaus hat man auf fast allen anderen Wanderwegen im Westen Kretas das Gefühl von Einsamkeit. Vielleicht entwickelt man so auch ein tieferes Verständnis für Land und Leute mit allen regionalen Unterschieden.

Da Urlauber im Westen Kretas unter Umständen ihr Quartier wechseln oder auch gerne einmal eine Nacht woanders verbringen, sind eine Reihe von Wanderungen beschrieben, die sich miteinander verbinden lassen und sich über einen Großteil der westlichen Inselhälfte erstrecken. Der Westen Kretas bietet sich dafür an. Diese Wanderungen beginnen oberhalb der Samariaschlucht in den beeindruckenden Weißen Bergen

6 Landschaften auf Westkreta

(Levka Ori). Diese Gipfel sind auffallend weiß, auch wenn sie nicht mit Schnee bedeckt sind, daher ihr Name.

Die Autorinnen dieses Buches werden oft gefragt, wie sich der Westen Kretas vom Osten unterscheidet. Diese Frage haben sie sich während der Recherchen für diesen Führer selbst gestellt, nachdem sie zuvor »Landschaften auf Ostkreta« geschrieben hatten. Der Westen ist noch gebirgiger und weniger erschlossen als der Osten. Aufgrund des insgesamt unwegsameren Geländes sind die Wanderungen im Westen tendenziell länger. Und verglichen mit dem Osten ist die Bevölkerung im Westen etwas zurückhaltender. Das westliche Kreta hat seinen ganz eigenen, verlockenden und bezaubernden Charakter. Man braucht nur in die Landschaft aufzubrechen, um es selbst zu erleben.

— JONNIE GODFREY

Danksagung

Wir möchten folgenden Personen unseren Dank aussprechen:

Antonis Pavlakis von den Appartements Pavlakis Beach in Stalos, dessen Großzügigkeit und Hilfsbereitschaft alles ermöglichte;

Tanya und Themos Tsikas für ihre großzügige Überprüfung von Wanderungen und Detailangaben sowie für ihre Begeisterung und fachliche Qualifikation;

Lynne und Bob Tait sowie John Channon für ihre wertvollen Beiträge, Vorschläge und Hilfe;

Aptera Travel, Josef Schwemberger, Yiannis Yiakoumakis, Chrys und Cres Crescini, Familie Tsotsolakis und Familie Tsontos für ihre kretische Gastfreundschaft einschließlich Unterstützung, Ermutigung, Mahlzeiten, Fahrgelegenheiten und unverbrüchlicher Freundschaft;

Hermione Elliott, B. Geipel, Jeremy Hosking und Nicholas Janni für ihre jeweiligen, sehr geschätzten Beiträge.

Hintergrundliteratur

Polyglott-Reiseführer Kreta, Polyglott-Verlag, München
Merian-Heft Kreta, Hoffmann und Campe
Klaus Bötig: *Kreta,* Terra-Verlag, Badenweiler
Eberhard Fohrer: *Kreta,* Michael Müller Verlag, Erlangen
Ingrid und Peter Schönfelder: *Die Kosmos-Mittelmeerflora,* Franckh'sche Verlagshandlung, Stuttgart

Verkehr

Mit dem Leihwagen lernt man Kreta am besten kennen. Dies ist zwar nicht gerade billig, aber auf den beschriebenen Autotouren kann man den Wagen optimal ausnutzen, um möglichst viel von der Insel zu haben. Viele der vorgeschlagenen Touren führen an den Ausgangs- und Endpunkten verschiedener Wanderungen vorbei. Wenn man die Landschaft auf einer Autofahrt kennenlernt, wird man sicherlich auch dazu ermutigt, sie mit Hilfe dieses Buches abseits der bekannten Routen auf Schusters Rappen zu erkunden.

Taxis sind ein weiteres Verkehrsmittel, das nicht zu teuer ist, sofern man sich die Kosten teilt. Falls die Fahrt nicht über den Taxameter abgerechnet wird, sollte man vor Fahrtantritt einen Preis vereinbaren. Die örtliche Repräsentanz des Reiseveranstalters ist dabei behilflich, einen deutsch- oder englischsprechenden Fahrer ausfindig zu machen, der mit Stolz und Freude seine Insel vorstellen wird.

Organisierte Busausflüge sind ihren Preis wert; die Reisebusse legen viele Kilometer zurück, während man sich zurücklehnen und die Landschaft an sich vorüberziehen lassen kann.

Zu den besten Verkehrsmitteln gehören örtliche Linienbusse. Wenn man einmal damit gefahren ist, wird man feststellen, daß sie preiswert, zuverlässig und kurzweilig sind. Man rauscht über die Hauptstraßen, zuckelt durch die Dörfer und genießt den Blick aus dem Busfenster über die Landschaft. Mit dem örtlichen Linienbusnetz kann man den Westen Kretas preiswert erkunden. Die Stadtpläne auf den folgenden Seiten zeigen, wo die Busbahnhöfe in Hania und Rethimnon liegen. Auf den Seiten 133-134 finden sich die Busfahrpläne für den Westteil der Insel.

Hinweis: Bevor man Ausflüge plant, sollte man sich unbedingt einen aktuellen Busfahrplan am Busbahnhof besorgen, da er sich je nach Jahreszeit ändert. Um ganz sicher zu gehen, sollte man die Zeiten vor Fahrantritt noch einmal nachfragen. Mit etwas Glück ist von den Angestellten im Busbahnhof von Hania (wo es auch ein Fundbüro gibt) die richtige Busnummer zu erfahren, aber auch sie wissen es erst kurz vor der Abfahrt. Man sollte sich frühzeitig an der Haltestelle einfinden, da die Busse pünktlich, ja manchmal sogar *vorzeitig* abfahren, insbesondere am frühen Morgen. Meistens erhält man die Fahrkarte vor dem Einsteigen am Schalter; dies gilt auch für den Bus in Richtung Omalos-Ebene zur Samariaschlucht. Falls man die Fahrkarte im Bus kauft, sollte man sich nicht wundern, falls man gleich mehrere pro Person erhält — die Summe der aufgedruckten Beträge ergibt den Fahrpreis. Auf freier Strecke kann man Busse durch Handzeichen anhalten, aber sie halten nicht immer. Man sollte immer die Hand ausstrecken, auch an einer Haltestelle.

8 Landschaften auf Westkreta

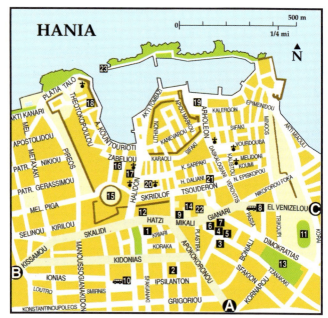

HANIA — LEGENDE
1 Tourist-Information
2 Touristenpolizei
3 Terminal von Olympic Airways und Griechische Bergsteigervereinigung (EOS)
4 Postamt
5 Telefon und Telegramme (OTE)
6 Griechische Nationalbank (National Bank of Greece)
7 Bank Griechenlands (Bank of Greece)
8 🚌 zur Halbinsel Akrotiri
9 🚌 zur Halbinsel Akrotiri; nach Iraklion, Souda, Mournies; Stadtbusse
10 🚌 nach Alikianos, Aptera (Strand), Hora Sfakion, Kalamaki, Kandanos, Kastelli, Lakki, Meskla, Omalos-Ebene (Samariaschlucht), Paleohora, Platanias (Strand), Platanos, Rethimnon, Sougia, Xiloskala (Samariaschlucht)
11 Stadion
12 Ionische Bank und Volksbank
13 Öffentliche Parkanlage und Zoo
14 Markt
15 Shivao-Bastei
16 Venezianische Loggia
17 Archäologisches Museum
18 Schiffahrtsmuseum (Firka-Turm)
19 Zoll
20 Kathedrale
21 Minarett
22 Krankenhaus
23 Leuchtturm

Stadtpläne von Hania und Rethimnon 9

RETHIMNON — LEGENDE
1 Tourist-Information (zwei Standorte)
2 Postamt
3 🚌 Busbahnhof
4 Öffentlicher Strand
5 Jugendherberge
6 Griechische Handelsbank (Greek Commercial Bank)
7 Griechische Nationalbank (National Bank of Greece)
8 Arimondi-Brunnen
9 Nerantzes-Brunnen
10 Venezianische Festung
11 Venezianischer Hafen
12 Museum (Venezianische Loggia)
13 Öffentliche Parkanlage
14 Rummelplatz
15 Bank Griechenlands (Bank of Greece)
16 Stadion
17 🚗 Taxistand
18 Telefon und Telegramme (OTE)
19 Rathaus
20 Archäologisches Museum
21 Leuchtturm
22 Krankenhaus

Picknickausflüge

Auf Kreta gibt es keine angelegten Picknickplätze, Picknicktische oder Bänke. Vielmehr muß man sich selbst einen Olivenbaum mit guter Aussicht suchen. Nachfolgend findet sich jedoch eine Auswahl schöner Plätzchen, wo man sich auf einem Handtuch oder einer Wolldecke niederlassen kann, um es sich in der Landschaft gemütlich zu machen. Korkenzieher nicht vergessen!

Alle 17 Picknickplätzchen wurden aufgrund ihrer leichten Erreichbarkeit ausgewählt und erfordern keine übermäßigen Aufstiege oder längeres Herumschleppen von Proviant. *Die Picknicknummern entsprechen den Nummern der Wanderungen*, so daß man rasch ihre allgemeine Lage auf der ausfaltbaren Inselkarte ausfindig machen kann; hier sind alle Wandergebiete weiß umrahmt. (Die drei Picknickvorschläge auf Seite 12 mit dem Kennzeichen AT beziehen sich auf die entsprechenden Autotouren.) Für jedes Picknickplätzchen ist die genaue Anfahrt mit dem Auto oder Bus sowie die Gehzeit angegeben. Neben der Picknicküberschrift findet sich ein Kartenhinweis: Die genaue Lage des Picknickplätzchens ist auf der entsprechenden Wanderkarte mit dem Symbol **P** gekennzeichnet. Hier sind auch die nächstgelegene 🚌-Haltelle und der 🚗 Parkplatz zu sehen. Zu einigen Picknickplätzchen gibt es Fotos.

Falls man mit dem Bus zum Picknickplatz anreist, sollte man sich vom nächsten Busbahnhof einen aktuellen Fahrplan besorgen. **Falls man mit dem Auto anreist**, sollte man abseits der Hauptstraßen besondere Vorsicht walten lassen; häufig halten sich Kinder und Tiere auf den Dorfstraßen auf. Man sollte *neben*

Diese wunderschöne alte Brücke über den Fluß Platys im Amaritaal (Autotour 8) bildet die herrliche Umgebung von Picknick AT8. Im Hintergrund erhebt sich der Psiloritis. Wanderung 28 und 29 finden in diesem Gebiet statt, in dem während des Zweiten Weltkriegs viele Widerstandskämpfer Zuflucht fanden.

Picknickvorschläge 11

der Fahrbahn parken, ohne Pflanzen zu beschädigen, und *niemals* eine Straße oder einen Fahrweg blockieren.

Alle Picknickfreunde sollten die Hinweise zum Natur- und Landschaftsschutz auf Seite 13 lesen.

1 AGIA-SEE (Karte Seite 45; Foto Seite 46)

🚗 Mit dem Auto: Bis zu 5 Min. zu Fuß. Man fährt von Agia in Richtung Kirtomados und parkt auf dem Weg zum See, direkt hinter einer Brücke mit Eisengeländer. 🚌 Mit dem Bus: Etwa 20 Min. zu Fuß. Man folgt der Kurzwanderung auf S. 44.

2 AUSBLICKE VON THERISO (Karte Seite 48-49)

🚗 Mit dem Auto: Etwa 10 Min. zu Fuß. Anhand der Autokarte fährt man nach Theriso (auch auf Autotour 3 befindet man sich in der Nähe). In Theriso folgt man der Beschreibung auf S. 47, um bis zur Brücke (10Min-Stelle) auf dem Weg zu fahren, auf dem Wanderung 2 verläuft. Hier parkt man neben dem Weg und folgt dann dem im Text beschriebenen Pfad etwa 5-15 Minuten. 🚌 Mit dem Bus: Etwa 20 Min. zu Fuß. Man folgt Wanderung 2, S. 47, und geht den Pfad oberhalb des Wasserlaufs hinauf, so weit man mag.

3a AUSBLICKE VON KATOHORI (Karte Seite 54-55)

🚗 Mit dem Auto: Knapp 5 Min. zu Fuß. Man folgt Autotour 5. Wenn man bergab nach Katohori hineinfährt, nimmt man in einer großen Rechtskurve (hier steht das Miniaturmodell einer Kirche aus Beton) links den Betonweg. Man fährt zu dem kleinen Platz vor der Brücke und parkt hier. Dann folgt man Wanderung 3, S. 50. 🚌 Mit dem Bus: Etwa 15 Min. zu Fuß. Man folgt Wanderung 3, S. 50.

3b SCHLUCHT NAHE KATOHORI (Karte Seite 54-55, Foto Seite 51)

🚗 Mit dem Auto: Etwa 15 Min. zu Fuß. Man parkt wie bei Picknick 3a und folgt dann Wanderung 3 (S. 50), um in der Schlucht zu picknicken. 🚌 Mit dem Bus: Etwa 30 Min. zu Fuß. Man folgt Wanderung 3, S. 50.

4 KAMBI (Karte Seite 54-55)

🚗 Mit dem Auto: Knapp 10 Min. zu Fuß. Man folgt Autotour 5 und parkt in Kambi. Dann folgt man Wanderung 4 (S. 52). 🚌 Mit dem Bus: Knapp 10 Min. zu Fuß. Man folgt Wanderung 4 (S. 52).

6 KOURNAS-SEE (Karte Seite 58-59)

🚗 Mit dem Auto: Etwa 10 Min. zu Fuß. Man folgt Autotour 6 (S. 32). Nachdem man am Kournas-See vorbeigefahren ist, parkt man nahe der Brücke. 🚌 Mit dem Bus: 45 Min zu Fuß. Man nimmt einen Bus nach Georgioupoli (Fahrplan 1, 2) und folgt dann Wanderung 6 in umgekehrter Richtung.

8a AUSBLICK AUF RETHIMNON (Karte Seite 64-65)
8b PICKNICK UNTER KIEFERN (Karte Seite 64-65)

🚗 Mit dem Auto: Bis zu 5 Min. zu Fuß. Die Autotouren 6, 7 und 8 führen nach Rethimnon. Von Rethimnon fährt man zur Kapelle Profitis Ilias oberhalb der Ortschaft. Um sie zu erreichen, fährt man die Theotokopoulou-Straße nach Süden hinauf (auf der Ostseite der Ortschaft; dies ist die Straße nach Roussospiti). Man biegt rechts auf den Weg zur Kirche und parkt. Hier oder unter den Kiefern, die fünf Minuten oberhalb der Kapelle kommen (Wegbeschreibung S. 67), kann man picknicken. 🚌 Mit dem Bus: Etwa 20-25 Min. zu Fuß. Man folgt Wanderung 8, S. 66.

13 POLIRINIA (Karte Seite 82-83, Foto Seite 79)

🚗 Mit dem Auto: Etwa 20-25 Min. zu Fuß. Man folgt Autotour 1 und macht den Abstecher nach Polirinia (S. 17, Absatz 4). Man parkt nahe der Taverne am Ende der Straße und folgt der Wegbeschreibung von Wanderung 13

Hier weitet sich die zumeist steile und schmale Imbrosschlucht — das willkommene Picknickplätzchen 25.

(S. 78) in umgekehrter Richtung. 🚐 Mit dem Bus: Etwa 20-25 Min. zu Fuß. In Kastelli erkundigt man sich nach Bussen nach Polirinia. Dann folgt man Wanderung 13 (S. 78) in umgekehrter Richtung.

14 KATSOMATADOS (Karte Seite 82-83, Foto Seite 81)

🚗 Mit dem Auto: Knapp 10 Min. zu Fuß. Man folgt Autotour 1 nach Katsomatados, 3 km südlich von Topolia gelegen (S. 19). Dann orientiert man sich an der Wegbeschreibung auf S. 80 (Wanderung 14), um in der Nähe des Ausgangspunktes der Wanderung zu picknicken. 🚐 Mit dem Bus: Knapp 10 Min. zu Fuß. Man folgt Wanderung 14, S. 80.

17 SOUGIA (Karte Seite 88-89, Foto Seite 21)

🚗 Mit dem Auto: Etwa 10-15 Min. zu Fuß. Man folgt Autotour 3 und parkt in Sougia. Dann benutzt man die Wegbeschreibung von Wanderung 17 auf S. 88. 🚐 Mit dem Bus: Etwa 10-15 Min. zu Fuß. Man folgt Wanderung 17, S. 88.

25 IMBROSSCHLUCHT (Karte Seite 114-115, Foto oben)

🚗 Mit dem Auto: Etwa 20 Min. zu Fuß. Man folgt Autotour 6 nach Imbros und parkt im Dorf. Dann benutzt man die Wegbeschreibung auf S. 111 (Wanderung 25). 🚐 Mit dem Bus: Etwa 20 Min. zu Fuß. Man benutzt die Wegbeschreibung auf S. 111 (Wanderung 25). .

27 FLUSS MEGALOPOTAMOS (Karte Seite 117)

🚗 Mit dem Auto: Etwa 30 Min. zu Fuß. Man folgt Autotour 6 nach Asomatos und parkt im Dorf. Dann benutzt man die Wegbeschreibung auf S. 117-118 (Wanderung 27). 🚐 Mit dem Bus: Etwa 30 Min. zu Fuß. Man benutzt die Wegbeschreibung auf S. 117-118 (Wanderung 27).

31 ELEFTHERNA (Karte Seite 132, Foto Seite 131)

🚗 Mit dem Auto: Knapp 10 Min. bis 1Std45Min zu Fuß. Man parkt in Eleftherna, folgt Wanderung 31 (S. 130) und macht an dem byzantinischen Turm (Foto S. 131) Rast oder folgt dieser herrlichen Wanderung weiter, solange man mag. Das Flußbett, das man nach einer Stunde erreicht, ist eine besonders schöne Umgebung. 🚐 Mit dem Bus nach Eleftherna; siehe dann die Wegbeschreibung oben.

AT4 KLOSTER GOUVERNETO
(Autokarte, Wanderkarte Seite 71, Foto Seite 26)

🚗 Mit dem Auto: Etwa 5-10 Min. zu Fuß. Man folgt Autotour 4 zum Kloster Gouverneto und parkt hier. Am Hang unterhalb des Klosters gibt es schöne Picknickplätzchen mit Meeresblick, aber wenig Schatten.

AT6 KOURTALIOTIKOSCHLUCHT (Autokarte)

🚗 Mit dem Auto: 5 Min. zu Fuß hinab; 10 Min. wieder herauf. Man folgt Autotour 6 von Asomatos (S. 31). *Hinweis:* Falls man in Plakias wohnt, ist dieses Picknick auch mit dem 🚐 erreichbar; man muß nach der Kourtaliotikoschlucht und dem Wasserfall fragen.

Hinweise zum Natur- und Landschaftsschutz 13
AT8 AMARITAL (Autokarte, Foto Seite 10)

🚗 Mit dem Auto: Knapp 5 Min. zu Fuß. Man folgt Autotour 8, S. 36, um den Fluß Platys zu überqueren (125,5 km). Man parkt abseits der Straße und picknickt bei der Brücke.

Hinweise zum Natur- und Landschaftsschutz

Die Beachtung gewisser ungeschriebener Regeln ist eine Grundvoraussetzung, wenn man irgendwo Ausflüge mit dem Auto oder zu Fuß macht. Dies gilt ganz besonders für das unwegsame Gelände auf Kreta, wo unverantwortliches Verhalten zu folgenschweren Fehlern führen kann. Auch erfahrene Wanderer sollten folgende Hinweise beherzigen, um nicht Schäden zu verursachen, Tiere zu verletzen oder gar das eigene Leben zu gefährden.

- **Keinerlei Risiken eingehen!** Man sollte nur Wanderungen mit angemessenem Schwierigkeitsgrad unternehmen und nicht die beschriebenen Wege verlassen, falls es die geringsten Anzeichen von aufziehendem Nebel gibt oder sich der Tag bereits dem Ende zuneigt.
- **Man sollte nicht allein wandern** und *stets* jemandem genau Bescheid sagen, wohin man aufbricht und zu welcher Zeit man voraussichtlich zurück sein wird. Auf allen Wanderungen (außer bei kurzen Spaziergängen in Dorfnähe) sollte man Kompaß, Trillerpfeife, zusätzlich Wasser, warme Kleidung sowie energiereichen Notproviant (z.B. Schokolade) mitnehmen. Dies mag sich für unerfahrene Wanderer etwas übertrieben anhören, aber es kann das Leben retten.
- **Kein Feuer anzünden**; die ganze Landschaft kann strohtrocken sein. Raucher sollten darauf achten, die Zigarettenstengel vollständig auszulöschen.
- **Keine Tiere aufschrecken.** Ziegen und Schafe, denen man vielleicht begegnet, sind Fremde nicht gewöhnt. Durch Lärm oder den Versuch, sie anzufassen oder zu fotografieren, können sie erschreckt davonstürzen und sich verletzen.
- **Ruhig** durch alle Gehöfte, Weiler und Dörfer wandern und **alle Tore im vorgefundenen Zustand lassen**, egal wo. Obwohl vielleicht keine Tiere zu sehen sind, erfüllen die Tore doch einen Zweck. Meist dienen sie dazu, Ziegen oder Schafe innerhalb (oder außerhalb) eines Gebiets zu halten.
- **Alle Wild- und Kulturpflanzen schützen.** Bitte kein Obst abreißen; es dient den Menschen zum Lebensunterhalt. Sicherlich bekommt man unterwegs ohnehin Obst angeboten. Man sollte nie quer über bestelltes Ackerland gehen.
- **Allen Abfall wieder mitnehmen.**
- Wenn man mit dem Auto unterwegs ist, sollte man **nie Straßen oder Wege blockieren** und dort parken, wo man niemanden behindert oder gefährdet.

Ziegenpferch nahe Rodopos (Wanderung 11)

Autotouren

Kreta ist eine sehr große Insel, und die meisten Besucher mieten sich für einen Teil ihres Aufenthaltes einen Wagen, um die Insel richtig kennenzulernen. Es lohnt sich, einen Wagen für mindestens drei Tage zu mieten. Obwohl kleinere Autoverleiher eventuell günstigere Tarife anbieten, gibt es bei den größeren Firmen gewisse Mehrleistungen und Vertretungen auf der ganzen Insel. Da man wahrscheinlich größere Strecken zurücklegen wird, empfehlen sich renommierte Verleiher für den Fall, daß unterwegs etwas passiert.

Autoreifen sind *nicht* mitversichert! Für einen einfachen Plattfuß wird man nicht gleich zur Kasse gebeten, aber falls man die Reifen völlig abfährt, muß man dafür bezahlen. Bevor man losfährt, sollte man das Auto überprüfen und sich vergewissern, daß man einen Ersatzreifen und einen Wagenheber dabei hat (meistens unter der Kühlerhaube). Außerdem sollte man darauf achten, daß man die einzelnen Vertragspunkte verstanden hat; sie sollten auf Deutsch oder Englisch vorliegen. Bei jeder Fahrt sollte man Mietvertrag und Führerschein bei sich haben. Außerdem sollte man sich für alle Fälle die Telefonnummer des Autoverleihers notieren.

Die Routenbeschreibungen sind knapp gehalten und beschränken sich auf ein Minimum an Informationen, wie sie in gängigen Reiseführern oder den kostenlosen Broschüren zu finden sind, die beim Fremdenverkehrsamt oder vor Ort bei den Tourist-Informationen erhältlich sind. Im Vordergrund steht vielmehr die Logistik der Autotouren: Fahrzeiten, Entfernungen, Straßenzustand und eindeutige Richtungsangaben an Stellen, wo es unklar ist oder man sich mit anderen Karten leicht verfährt. Vor allem aber werden Möglichkeiten für **Wanderungen** (wenn man sich mit anderen Wanderern zusammentut, verringern sich die Kosten für den Leihwagen) und **Picknickausflüge** aufgezeigt. Das Symbol *P* kennzeichnet ein Picknickplätzchen; siehe Seite 10-12. Im Rahmen einer langen Autotour sind einige Kurzwanderungen und Picknickausflüge vielleicht nicht praktikabel, aber man wird vielleicht eine Landschaft entdecken, die man anderntags in Ruhe erkunden möchte.

Die große farbige Autokarte ist dazu gedacht, ausgeklappt neben der Tourenbeschreibung gehalten zu werden; sie enthält alle Informationen, die man außerhalb der Ortschaften benötigt.* Alle Autotouren haben Hania als Ausgangs- und Endpunkt, doch kann man sich ihnen leicht auch von anderen Ortschaften aus anschließen. Auf den Seiten 8 und 9 finden sich Stadtpläne von Hania und Rethimnon mit den jeweiligen Ausfallstraßen.

*Auf der *Rückseite* sind Wanderungen und Autotouren des Bandes *Landschaften auf Ostkreta* zu finden.

Einige wichtige Hinweise

Es empfiehlt sich, einen der auf Seite 6 erwähnten Reiseführer über Kreta mitzunehmen, um mehr über die Geschichte und das archäologische Erbe der Insel zu erfahren. Weitere Hinweise:

- **Es gibt zwar viele Tankstellen** auf Kreta, aber es empfiehlt sich dennoch, am Anfang der Fahrt aufzutanken — insbesondere, wenn man durch abgelegene Gegenden fährt.
- **Man sollte genügend Zeit für Besichtigungen veranschlagen.** Die angegebenen Fahrzeiten schließen nur sehr kurze Aufenthalte an den Aussichtspunkten ein, die im Text mit dem Symbol (☎) gekennzeichnet sind.
- **Telefone** gibt es an den meisten Kiosken, beim Telefonamt OTE und in den Kafeneions.
- Man lasse sich nicht durch **griechische Straßenschilder** verwirren; meist folgen ihnen Schilder in lateinischer Schrift.
- Wenn man überholt wird, darf man ruhig die **durchgezogene weiße Linie am Straßenrand** überfahren. In Kurven ist jedoch Vorsicht vor langsameren Fahrzeugen, beladenen Eseln, Fahrrädern usw. geboten.
- **Eine durchgezogene weiße Linie in der Straßenmitte** bedeutet ÜBERHOLVERBOT — auch wenn sich einige Verkehrsteilnehmer nicht daran halten.
- **An schönen Aussichtspunkten** ohne Parkmöglichkeit sollte man nicht unüberlegt halten, sofern die Stelle nicht einsichtig ist.
- **Niemals sollten Zigarettenstummel** aus dem Fenster geworfen werden.
- **An allen Stoppschildern** muß man stehenbleiben.
- **Die Schreibweise von Ortsnamen kann uneinheitlich sein.** Als Aussprachehilfe wird im Buch der Buchstabe »H« benutzt, wo örtlich eventuell ein »X« oder »CH« steht.
- **In Ortschaften sollte man nur dort parken**, wo es erlaubt ist.
- **Vorfahrtsschilder** (rote/schwarze/weiße Pfeile) auf schmalen Straßenabschnitten geben dem *schwarzen Pfeil* Vorfahrt.
- Am Straßenrand sind Schreine zu sehen — kleine Kästen, eventuell mit Kreuz, Kerze, Ikone, Bild usw. Sie sind eine traurige Erinnerung daran, daß sich an dieser Stelle einmal ein tödlicher Verkehrsunfall ereignet hat. **Bitte vorsichtig fahren!**

Die Entfernungsangaben entsprechen dem jeweiligen *Tageskilometerstand* von Hania aus. Auf der Inselkarte findet sich eine Legende der im Text benutzten Symbole. Nur die größeren Kirchen (und solche, die als Orientierungspunkt dienen) sind aufgeführt, da es in jedem Dorf mindestens eine Kirche gibt. Das gleiche gilt für Tavernen und Kafeneions; fast überall auf der Strecke bieten sich Einkehrmöglichkeiten.

Alle Autofahrer sollten die Hinweise zum Natur- und Landschaftsschutz auf Seite 13 beherzigen und sich ruhig durch die Landschaft bewegen. *Kalo taxidi!*

1 DER FERNE WESTEN

Hania • (Kastelli) • (Polirinia) • Sfinari • Vathi • Kloster Chrisoskalitisas • (Elafonisi) • Elos • Topolia • Hania

170 km; 5-6 Stunden Fahrzeit; Ausfahrt B von Hania (siehe Stadtplan Seite 8)

Am Wege: Picknick (siehe Seite 10-12): (13), 14; Wanderung 1, (11), (12), (13), 14, 15, (18)

Alle Straßen sind ziemlich gut. Auf der Nationalstraße, die entlang der Nordküste der Insel verläuft, gibt es noch einen Abschnitt, der zum Zeitpunkt der Drucklegung unfertig war, nämlich von Galatas (direkt westlich von Hania) nach Kolimbari. Die Strecke von Kolimbari nach Kastelli umgeht Kallergiana, Kaloudiana und Drapanias.

Man kann meilenweit durch die wilde, unwegsame Landschaft am westlichen Ende Kretas fahren, ohne einer Menschenseele zu begegnen. Auf dieser Tour ist man allein, sobald man die Nordküstenstraße verläßt. Während der Fahrt an der Küste bieten sich großartige Ausblicke auf das Meer — ein schöner Kontrast zum Inselinneren, das man auf der Rückfahrt durchquert. Man sollte am frühen Morgen aufbrechen, um Zeit für einen Abstecher zur türkisfarbenen Meeresbucht bei Elafonisi zu haben.

Vom 1866-Platz nehmen wir Ausfahrt B (Skalidi/Kissamou). Diese Einbahnstraße ist nach »Omalos/Kastellion« ausgeschildert. Entlang dieser Nordküstenstraße gibt es viele Tankstellen (⛽); man sollte auftanken, ehe man sie verläßt. An einer Ampel fahren wir an der Abzweigung zur Omalos-

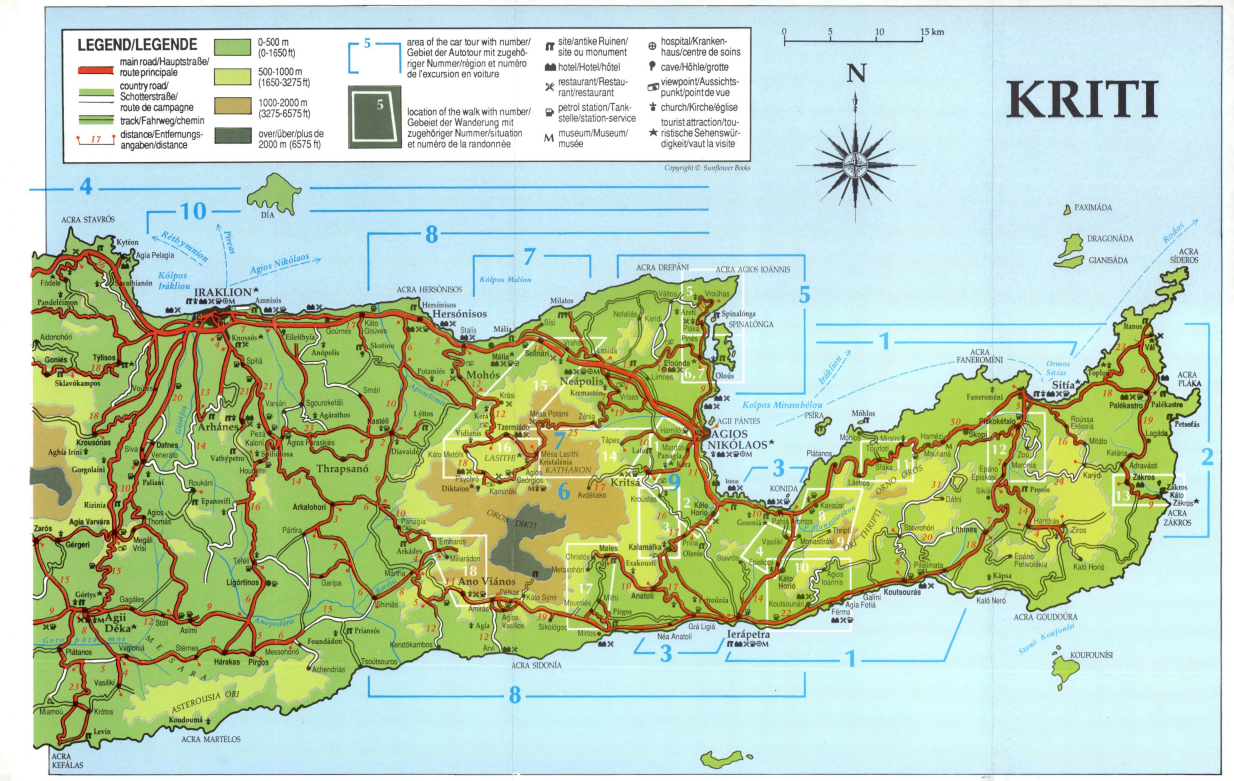

Rechts und gegenüber — typisch griechische Idyllen

Ebene vorbei (2 km) weiter nach Westen. In allen Küstenortschaften auf dieser Strecke — **Galatas, Kalamaki, Glaros, Kato Stalos** (Ausgangs- und Endpunkt von Wanderung 1), **Agia Marina** (Δ), **Platanias** — gibt es Tavernen sowie Zimmer und Appartements zu mieten (🏠🏔️Δ✖️).

Wir überqueren den Fluß Keritis (12 km) und fahren weiter (⛽ 13,6 km) durch Orangenhaine und große Bestände Spanischen Rohrs (⛽ 15,5 km). Bald führt die Route durch **Maleme** (16 km 🏔️✖️⛽). Während des Zweiten Weltkriegs fanden hier blutige Kämpfe statt; die Schlacht um Kreta nahm hier ihren Anfang. Links weist ein Straßenschild (17 km) auf Deutsch und Griechisch auf den deutschen Soldatenfriedhof hin.

Es geht weiter an der Nordküste entlang. Vor uns in mittlerer Entfernung erblicken wir die Halbinsel Rodopou (Wanderung 11 und 12). Wir kommen durch **Tavronitis** (19,5 km ✖️⛽) und rauschen nur so an **Kamisiana** (20,5 km ✖️) und **Rapaniana** (21 km ✝️🏔️✖️⛽) vorbei. Auf der Fahrt durch **Skoutelonas** (22 km) sehen wir rechts am Anfang der Halbinsel das Kloster Gonia (Wanderung 12). Am Hotel Rosmarie in **Kolimbari**, wo Wanderung 12 endet, gibt es eine Straßenkreuzung. Rechts geht es nach Kolimbari hinein und zum Kloster Gonia, doch sollte man sich diesen Besuch für einen anderen Tag mit mehr Zeit aufheben oder Wanderung 12 unternehmen, die in die Ortsmitte von Kolimbari hinabführt. Wir fahren geradeaus über die Kreuzung hinweg in Richtung Kastelli-Kissamou. Dann biegen wir rechts auf den letzten Abschnitt der Nationalstraße. Nach 1,5 km fahren wir an einer Abzweigung nach Rodopos vorbei, wo die Wanderungen 11 und 12 beginnen. Bald ist die Halbinsel Gramvousa deutlich erkennbar (siehe unten), und wir befinden uns am Ortsrand von Kastelli.

Abstecher: Falls man einen Abstecher zu der archäologischen Stätte bei Polirinia machen möchte, achtet man bei km-Stand 40,5 auf die Linksabzweigung. Sie kommt direkt hinter der Telefonzentrale (OTE) an einer Verzweigung mit einer dreieckigen Verkehrsinsel in der Mitte (gegenüber einer Tankstelle ⛽). Oben auf einer Mauer gibt es einen kleinen Wegweiser in griechischer Schrift nach Polirinia. Man fährt rechts an einer neuen Kirche vorbei und weiter landeinwärts; dann kommt ein weiteres Schild nach Polirinia (42 km). Die Schlaglöcher dieser Asphaltstraße erfordern eine vorsichtige Fahrweise. Man kommt durch Karfiana und Grigoriana, ehe man Polirinia★ erreicht

18   Landschaften auf Westkreta

(47 km 🛈✖). Am Ende der Straße parkt man nahe der Taverne, wo Wanderung 13 endet. Falls man sich die Beine vertreten möchte, kann man einem Teil der Wanderung in umgekehrter Richtung zu dem schönen Picknickplätzchen machen, das auf Seite 79 abgebildet ist (Picknick 12; Beschreibung Seite 12).

Die Haupttour führt an der Polirinia-Abzweigung sowie an Kastelli-Kissamou★ (🛈🏠✖🅿M) vorbei auf der Hauptstraße weiter. Das reizvolle Kastelli lohnt auf jeden Fall einen Besuch, aber es empfiehlt sich, den Ort ein andermal zu besuchen, wenn man Zeit hat, ihn mit einer Wanderung oder vielleicht sogar mit dem Abstecher nach Polirinia zu verbinden und am Strand von Falasarna zu baden (siehe unten). Weiter auf der Hauptstraße fahren wir an einem kleinen Hafen und dann am großen Hafen von Kissamou vorbei. Direkt rechts von uns erstreckt sich die Halbinsel Gramvousa, eine braungraue Anhöhe, die ins Meer hinausragt. Dann (52 km) führt eine Straße, die auf dem letzten Kilometer holprig ist, rechts nach Falasarna★ (🛈) hinab, wo ein schöner Sandstrand zum Baden einlädt. Der Tag wird durch diesen Abstecher aber sehr lang; falls man baden möchte, sollte man lieber später den Abstecher nach Elafonisi machen.

Wir bleiben daher oben auf der Hauptstraße und fahren dann links in die langgezogene Ortschaft Platanos hinein. Rückblickend bietet sich eine gute Sicht auf den Strand (56 km 📷); man kann auch die Spitze von Falasarna erkennen. Wir kommen an einem weiteren guten Aussichtspunkt vorbei (58 km 📷), von wo man die Bucht von Sfinari überblickt. In Sfinari (62 km ✖) wenden wir uns vom Meer ab und fahren in die Berge hinauf. Die Straße führt durch den winzigen Weiler **Ano Sfinari** (64 km) und windet sich an einer Schlucht entlang, bis sie um ihr Ende herumführt (66 km). Zwischen **Kambos** (70 km) und **Keramoti**, einem Dorf, das am Hang hervorragt, gibt es einen Steilabfall zum Meer. Das Dorf **Amigdalokefali** liegt größtenteils unterhalb der Straße. Dann kommen wir durch **Simadi** (81 km), **Papadiana** (83 km) und **Kefali** (85 km ✖).

Einen halben Kilometer hinter Kefali biegen wir rechts auf

Autotour 1: Der ferne Westen

eine Straße, die über baumbestandene Hänge nach **Vathi** (87 km) hinabführt. In Vathi folgen wir rechts der holprigen Straße zum Kloster Chrisoskalitisas. Wir kommen durch **Plokamiana** und erblicken schließlich (93,5 km) vor uns das Kloster mit seinem leuchtendblauen Dach. Wir fahren links um die Bucht von Stomio. Eine häßliche Häuseransammlung (95 km ✕) ist einen Kilometer vor dem **Kloster Chrisoskalitisas★** (96 km ⛪) entstanden. Nach dem Besuch der Kirche können wir, bevor wir zurückfahren, noch eine Badepause einlegen. Dazu nehmen wir 500 m hinter dem Kloster die Rechtsabzweigung (Ausschilderung »Elafonisi«) und gelangen zu einem schönen Sandstrand mit türkisfarbenem Wasser, geschützt von den benachbarten Elafonisi-Inseln. Wanderung 18 kann hier oder am Kloster beendet werden.

Vom Kloster Chrisoskalitisas fahren wir auf demselben Weg zurück und biegen rechts auf die nach Elos ausgeschilderte Asphaltstraße (107,5 km). Hinter **Louhi** (110 km) bleiben wir auf der Hauptstraße, die in **Limni** (111 km) nach rechts schwenkt und nach **Elos** hineinführt (111,5 km ⛰🍴), einem hübschen Dorf, das verstreut zwischen Kastanienbäumen liegt. In **Mili** (116 km) fahren wir geradeaus weiter und achten auf den Verkehr, der von rechts (aus Richtung Paleohora) kommt. **Katsomatados** (Picknick 14; Wanderung 14 und 15) lassen wir rechts liegen (119,5 km). Bald haben wir einen wunderschönen Blick durch die Topolia-Schlucht★ (120,5 km 📷). Direkt nach diesem augenfälligen Aussichtspunkt kommt links an der Straße ein altes Schild, das auf die Höhlenkapelle Agia Sophia★ (⛪) oben am Hang hinweist. Hupend und mit eingeschaltetem Scheinwerfer durchfahren wir den engen Tunnel in der Schluchtwand. Dann kommen wir durch das schöne Bergdorf **Topolia** (122,5 km), wo Wanderung 15 endet, und durch **Voulgaro** (125,5 km 🍴), dem Ziel von Wanderung 14. In **Kaloudiana** (130 km ⛪) stoßen wir auf die Hauptküstenstraße, biegen rechts auf sie ein und fahren zur Nationalstraße in Koleni zurück, die uns nach Hania zurückführt (170 km).

Eine türkisfarben Meeresbucht, von strahlend weißen Sandstränden umsäumt, und eine der vorgelagerten Inseln an der Halbinsel Gramvousa (von Autotour 1 aus leicht zu erreichen). Ein guter Weg führt fast bis zum Ende der Halbinsel, von wo man einem Pfad zum gegenüberliegenden nordwestlichen Zipfel Kretas folgen kann, um dort ein Bad im Meer zu genießen. Es gibt keinen Schatten, so daß man einen Sonnenhut mitnehmen sollte.

2 PALEOHORA UND DIE STRÄNDE DER SÜDKÜSTE

Hania • Tavronitis • Voukolies • Kandanos • Paleohora • Kandanos • (Sougia) • Hania

152 km; 4 Stunden Fahrzeit; Ausfahrt B von Hania (Stadtplan Seite 8)
Am Wege: Picknick (siehe Seite 10-12): (17); Wanderung 1, 17, (18)
Alle Straßen sind in gutem Zustand.

Auf dieser Tour sehen wir zwei verschiedenartige Küsten — die Nordküste, der wir aus Hania heraus folgen, und die Südküste bei Paleohora, wo sich ein ausgedehnter Strand meilenweit nach Osten und Westen erstreckt. Unsere Route führt von Norden nach Süden quer durch die Insel bis nach Kandanos hinauf; unterwegs kommen wir durch Bergdörfer, die im Zweiten Weltkrieg umkämpft waren. Dann geht es durch das Gebiet Selinos mit seiner Vielzahl byzantinischer Kirchen, die zahlreiche Fresken beherbergen, wieder bergab. Unterwegs kann man einen Abstecher nach Anidri machen, wo eine besonders interessante Kirche steht.

Wir folgen Autotour 1 bis nach **Tavronitis** (19,5 km). Hier nehmen wir die nach Paleohora und Kandanos ausgeschilderte Linksabbiegung. Wir kommen durch **Neranztia** (23,5 km; ☕ bei 25,5 km) und fahren in **Voukolies** (26 km) über den Hauptplatz. Es geht nach rechts hinauf, und wir lassen diese große Ortschaft und das Tal hinter uns. Zwischen Olivenbäumen schlängelt sich die Straße in die Berge empor. Dann (etwa 33 km) können wir rechts über das Meer hinweg auf die Westküste blicken. In **Dromonero** (34 km) öffnet sich die Landschaft, und wir genießen sehr schöne Ausblicke. Wir kommen durch das ausufernde Dorf **Kakopetros** (38 km) und folgen der Straße, die nach rechts schwenkt und nach Paleohora ausgeschildert ist. Es bietet sich ein letzter Blick auf die Nordküste; die Halbinsel Gramvousa (Foto Seite 18-19) ragt in das Meer hinaus. Die Kargheit der felsigeren Landschaft, die uns nun umgibt, wird etwas durch Roßkastanien gemildert. **Mesavlia** (43,5 km) besteht nur aus ein paar Häusern, gefolgt von **Floria** (47 km) und **Anavanos**. Am Ortsende von **Kandanos** (56 km ✝☕) folgen wir der Straße nach rechts herum und fahren weiter in Richtung Süden.

In **Plemeniana** (58 km; ✝ Agios Georgios mit Fresken aus dem 15. Jh.) überqueren wir einen Bach. Auch in **Kakodiki** (63 km ✝) gibt es Fresken, die man sich ansehen sollte. Danach (64 km) kann man links einen kurzen Abstecher (2 km hin und zurück) nach Agia Tria machen, um die mit Fresken bemalte Kapelle Mikhail Arkhangelos (✝) zu besuchen. Den Schlüssel bekommt man vom Priester, der weiter oben am Berg wohnt. Wir fahren weiter nach Süden und kommen durch **Vlithias** (67 km). Bald werden das Meer und die Südküste sichtbar. Wir fahren durch **Kalamos, Ligia** und dann ein felsiges Tal.

Durch eine Eukalyptusallee nähern wir uns **Paleohora** (73,5 km ⛰△✕☕). Dann (74 km) fahren wir an der Abzweigung nach Anidri★ vorbei, dessen Kirche Agios Georgios (✝) Fresken

Autotour 2: Paleohora und die Strände der Südküste

aus dem 14. Jahrhundert birgt. Falls man sie besichtigen möchte, nimmt man die Abzweigung und biegt am Meer erneut nach links; am Paleohora-Club biegt man nach rechts und dann an einem »Camping«-Schild nach links. Die Haupttour führt an der Abzweigung nach Anidri vorbei nach Paleohora hinein. Wir biegen nach links, direkt bevor sich die Straße verengt (vor uns können wir den Uhrturm erblicken) und parken an der Uferpromenade. Wanderung 17 von Sougia über die Ausgrabungsstätte Lisos endet hier, und die Taxifahrt zum Ausgangspunkt von Wanderung 18 nach Elafonisi beginnt hier.

Am einfachsten ist es, auf derselben Strecke nach Hania zurückzufahren. Falls man aber ein größeres Gebiet erkunden möchte, kann man Sougia in die heutige Tour einschließen; hierfür braucht man eine Stunde mehr. In diesem Fall folgt man der Straße bis nach Kandanos zurück (dies ist wirklich die *beste* Route, sofern man nicht ein Fahrzeug mit Vierradantrieb besitzt und die holprigen Fahrwege über Azogires und Anidri befahren kann). In Kandanos biegt man hinter dem Hauptplatz (gegenüber der 🍴) rechts nach Temenia; diese Straße führt über Anisaraki nach Süden. In Temenia fährt man an der Rechtsabzweigung vorbei (eine der größtenteils holprigen Routen von Paleohora) und biegt 1 km danach an einer Verzweigung nach links, ausgeschildert nach Rodovani. Man kommt durch Maza und folgt einer holprigen Straße durch eine Schlucht (📷) zum Meer hinab. Dann stößt man auf die Hauptstraße zwischen Hania und Sougia, folgt ihr nach rechts und fährt zur Küste hinunter. Während der Fahrt bergab bietet sich ein schöner Blick auf das vor uns dräuende Bollwerk der Weißen Berge. Man fährt durch Moni nach Sougia weiter. Um von Sougia zurückzukehren, folgt man Autotour 3 ab der 67 km-Stelle (Seite 23).

In der Schlucht bei Sougia leuchtet der Oleander (Wanderung 17 und Picknick 17)

3 LÄNDLICHE STREIFZÜGE, VERSTECKTE KÜSTENWINKEL UND KRETISCHE HOCHWEIDEN

Hania • Nea Roumata • Agia Irini • Epanohori • Sougia • Omalos-Ebene • Lakki • Fournes • Hania

159 km; knapp 4 Stunden Fahrzeit; Ausfahrt B von Hania (Stadtplan Seite 8)
Am Wege: Picknick (siehe Seite 10-12) (1), (2), 17; Wanderung 2, 16, 17, 19-21
Eine neue breite Straße führt über die Omalos-Ebene; Ende 1996 war sie bis auf einen sehr kurzen Abschnitt vollständig asphaltiert. Wenn man von der Omalos-Ebene wieder herunterfährt, wird man wahrscheinlich Reisebussen begegnen — Geduld und Vorsicht sind geboten.

Diese Tour führt auf einer sehr malerischen Strecke durch bewaldete Täler und die Irinischlucht nach Sougia, einer reizvollen abgelegenen Ortschaft. Unterwegs kann man die Schlucht hinabwandern (Wanderung 16), um sich vom Fahrer in Sougia abholen zu lassen. In Sougia kann man die herrliche Wanderung durch eine Schlucht zur Ausgrabungsstätte Lisos unternehmen und dann im klaren blauen Wasser am Kiesstrand von Sougia baden, ehe man in Richtung der Berge weiterfährt. Die Strecke zur Omalos-Ebene auf dem Rückweg gehört zu den schönsten Abschnitten der Autotour. Auch wenn man die Samariaschlucht nicht erwandert, gelangt man auf diese Weise zur höchsten Stelle, wo sich Schafhirten auf der Ebene treffen und Adler und Geier hoch am Himmel ihre Kreise ziehen.

Wir tanken unseren Wagen auf, ehe wir Hania über Ausfahrt B (Skalidi/Kissamou) verlassen. Nach 2 km, unmittelbar hinter der schmalen Brücke, biegen wir nach links (Ausschilderung Alikianos/Omalos). Wir kommen durch den Vorort **Vamvakopoulo** (☕) und dann durch **Agia** (10 km), dem Gebiet von Wanderung 1 und Picknick 1. Es geht weiter, bis wir gegenüber einer ☕ und einem Kriegerdenkmal die Rechtsabzweigung (12 km ☕) nach Alikianos und Skines sehen. Hier biegen wir rechts ab und überqueren auf der Brücke den Fluß Keritis. Die Straße umgeht Alikianos und Skines. Hinter **Hilaro** (20 km) dauert es nicht lang, bis wir durch bewaldete Täler fahren, die mit Zitrusbäumen bestanden sind. Die Straße beginnt kräftig anzusteigen (22 km) und wird am Fuße der Weißen Berge kurvenreicher. Wir kommen durch **Nea Roumata** (29,5 km) und **Prases** (30 km ☕✕). Herrliche Berghänge umgeben uns jetzt, die mit Kastanien, Feigen, Oliven, Walnüssen und Platanen bestanden sind... um nur einige Bäume zu nennen. An der Linksabzweigung zur Omalos-Ebene fahren wir vorbei (38,5 km).

Unmittelbar hinter dieser Abzweigung beginnt links das Irinital; es führt durch eine Schlucht (Wanderung 16) bergab, um bei Sougia ins Meer zu münden. Wir erreichen **Agia Irini** (42 km) ☕ 43 km, sonntags geschlossen). Hinter dem Dorf (Ortsausgangsschild bei km-stand 44) kündet links eine Tafel die Irinischlucht an (Wanderung 16). Hier kann man parken und zwischen den Kiefern picknicken.

Autotour 3: Ländliche Streifzüge und Hochweiden 23

Wir kommen durch **Epanohori** (45,5 km), von wo aus wir einen ersten Blick auf das Meer erhaschen. Nun beginnt unsere Fahrt nach Sougia hinab, die uns über **Prines, Tsikiana** und **Kambanos** (52 km) führt. Dahinter schwenkt die Straße nach links und führt durch **Maralia** und **Agriles** (56 km; 🍴, sonntags geschlossen). Einen Kilometer hinter Agriles biegen wir an der Straßenverzweigung nach links (rechts geht es 22 km auf einer holprigen Straße nach Paleohora). Nach ein paar Kilometern genießen wir einen herrlichen Blick über das Tal und zum Meer hinunter, das vor uns in dem V-förmigen Einschnitt leuchtet. **Moni** ist das letzte Dorf vor **Sougia** (67 km). Wanderung 16 endet in diesem abgelegenen Ort, Wanderung 17 beginnt hier. Picknick 17 (Foto Seite 21) ist nur etwa 10-15 Fußminuten entfernt gelegen.

Wir fahren auf demselben Weg von Sougia zurück und nehmen nach 29 km die Abzweigung zur Omalos-Ebene, an

Wanderung 21: Durch die Samariaschlucht führt die berühmteste Wanderung im Westen Kretas. Hier an ihrer schmalsten Stelle (»Sideroportes«, d.h. Eisentore) ragen die Felswände auf beiden Seiten etwa 600 m hoch.

24   Landschaften auf Westkreta

der wir zuvor vorbeigefahren sind. Die Straße führt nach 9 km links an einer kleinen weißen Kirche vorbei über einen Paß. An einer Verzweigung bei einem Kafeneion-Schild halten wir uns rechts; unterdessen haben wir die **Omalos-Ebene** erreicht. Nachdem wir auf die Straße gelangen, die am Rande der Ebene zum Anfang der Samariaschlucht führt, biegen wir nach rechts und fahren zur **Xiloskala** (»Holztreppe«) oberhalb der Schlucht. Von hier kann man in die Samariaschlucht hinab (Wanderung 21) und zum Berg Gingilos (Wanderung 19; Fotos Seite 93 und 95) hinaufblicken. Man erkennt auch den Verlauf der Wanderroute zur Kallergi-Hütte, der man am Anfang von Wanderung 20 folgt. Dieses Panorama wird gewiß Lust aufs Wandern machen.

Von der Xiloskala fahren wir auf der Hauptstraße nach Hania zurück, das etwa eine Stunde entfernt ist. Am Rande der Ebene passieren wir eine Taverne und eine Pension (▲✖). Reisebusse auf dem Weg zur Samariaschlucht machen hier Frühstückspause. Wir lassen die Ebene hinter uns und beginnen die Fahrt hinab zur fernen Küste. Der bemerkenswerteste Ort auf dem Rückweg ist **Lakki** (127 km ✝✖; Foto unten). Wanderung 2 endet in diesem Dorf. Danach müssen wir darauf achten, auf unserer Straße zu bleiben, die nahe der Abzweigung nach Askordalos nach rechts schwenkt (132 km). Wir kommen nach **Fournes** hinein, überqueren die Brücke und folgen der Straße, die nach links durch den Ort führt (rechts ginge es nach Meskla; auch dieses Dorf wird auf Wanderung 2 besucht). Wir fahren an der Abzweigung nach Alikianos vorbei geradeaus weiter (⛽ 145 km). Nach 12 km treffen wir auf die Hauptstraße an der Nordküste und folgen ihr rechts nach Hania zurück (159 km).

4 DIE HALBINSEL AKROTIRI

Hania • Kounoupidiana • Stavros • Kloster Agia Triada • Kloster Gouverneto • (Friedhof an der Souda-Bucht) • Hania
50 km; 1,5 Stunden Fahrzeit; Ausfahrt C von Hania (Stadtplan Seite 8)
Am Wege: Picknick (siehe Seite 10-12) AT4; Wanderung 10
Mit Ausnahme der Zufahrtsstraßen zu den Klöstern und dem letzten Streckenabschnitt nach Stavros sind die Straßen in gutem Zustand. Hinweis: Das Kloster Gouverneto ist von 14 bis 17 Uhr geschlossen, aber die maßgeblichen Stellen schließen es häufig um 12 Uhr. Besucher in kurzen Hosen oder kurzen Röcken sind unerwünscht. .

Die Halbinsel Akrotiri erstreckt sich nordöstlich von Hania pilzförmig ins Meer und lädt zur Erkundung ein. Beim Anflug auf den Flughafen von Hania hat man vielleicht schon einen Teil von ihr gesehen, aber die verborgenen Schätze der Halbinsel sind vom Flugzeug aus nicht erkennbar. Die Ruine des angeblich ältesten Klosters der Insel ist auf dieser Tour zu Fuß erreichbar, und man kann zwei weitere Klöster besuchen. Alle drei Klöster sind wunderschön in friedvoller Umgebung gelegen. Mit ihren herrlichen Ausblicken und Bademöglichkeiten füllt diese kurze Tour ohne weiteres einen ganzen Tag aus.

Wir verlassen Hania über Ausfahrt C. 1,5 km hinter dem Markt, direkt nach dem Hotel Doma, folgen wir der Straße nach rechts. Die Straße ist zur Halbinsel Akrotiri und zum Flughafen beschildert. Sie führt bergauf aus Hania heraus; die Altstadt (Halepa) bleibt links liegen. Die Linksabzweigung, die uns auf die Halbinsel hinausführt, ist durch zwei Wegweiser angezeigt (5 km); das erste Schild weist zu den Gräbern von Venizelos, das zweite nach Kounoupidiana. Es ist eine verzwickte Abzweigung: Zunächst biegen wir auf die zweite Straße nach links,

Links: Lakki (Autotour 3 und Wanderung 2). Unten: Stavros. Die Berge fallen ins Meer ab; der Strand ist zum Picknicken und Baden wie geschaffen. Hier wurde der Film »Alexis Sorbas« gedreht.

Kloster Gouverneto (Wanderung 10 und Picknick AT4)

dann sogleich an der Verzweigung nach rechts (Ausschilderung »Kounoupidiana«). Wenn man aber zunächst einen schönen Ausblick auf Hania genießen möchte, biegt man an dieser Verzweigung nach *links*. Nach zwei Minuten hat man die Gräber von Venizelos erreicht, von wo der Blick auf Hania, die Nordküste und die dahinter gelegene Insel Theodorou fällt (📷).

Man kehrt zur Hauptroute zurück. Sehr bald nach der Verzweigung bietet sich ein wunderschöner Blick (📷) über die Halbinsel Akrotiri hinweg auf Stavros, wo die Berge ins Meer abfallen. Wir erreichen eine Gabelung (7 km ⛽) und halten uns rechts. Dann halten wir uns links und fahren durch **Kounoupidiana** (✕) hinab. Wir verlassen den Ort und biegen links nach Stavros (8 km). Zunächst passieren wir den **Kalathas-Strand** (9 km ✕), dann **Horafakia**. Etwa 500 m danach biegen wir links nach Stavros. Nach weiteren 3 km biegen wir an einer Verzweigung nach rechts und erreichen **Stavros** (✕). Der herrliche Strand (Foto Seite 25) ist zum Picknicken und Baden wie geschaffen.

Nun kehren wir auf demselben Weg bis zur Verzweigung in Horafakia zurück (20 km). Statt hier rechts nach Hania zurückzufahren, nehmen wir jedoch die Linksabzweigung (Ausschilderung ΑΓ ΤΡΙΑΔΑ). An der nächsten Verzweigung (20,5 km) fahren wir um den Gouverneto-Wegweiser herum und den Mast zu, der vor uns auf der Anhöhe steht. An den nächsten Wegweisern (23,5 km) biegen wir nach links; einer weist in Richtung Horafakia, von wo wir gekommen sind, der andere auf die Rückseite des Agia Triada/Gouverneto-Schildes. Durch eine Allee fahren wir zum Kloster **Agia Triada** hinab (24 km ✝✕).

Nachdem wir uns die Anlage★ angesehen haben, fahren wir zum 4 km entfernten Kloster Gouverneto weiter. Wir kehren dem Kloster Agia Triada den Rücken und wenden uns nach rechts. Ein Schild »Gouverneto« (ΓΟΥΒΕΡΝΕΤΟ) weist uns auf eine Rechtsabzweigung hin (25 km). Außer einem Besuch des **Klosters Gouverneto**★ (29 km ✝) können wir auf den nahegelegenen Hängen picknicken und zu dem uralten Kloster Katholikou hinabwandern (Wanderung 10).

Wir kehren zum Kloster Agia Triada zurück und biegen dahinter an der Verzweigung links nach Hania. Nach 1 km biegen wir nach rechts. Die nach Hania ausgeschilderte Straße schwenkt nach links. Nach 500 m biegen wir nach rechts und dann erneut nach rechts (38 km). Dort, wo sich die Straße oberhalb der Souda-Bucht teilt (43 km), fahren wir entweder links über den Friedhof an der Souda-Bucht hinab oder geradeaus nach Hania (50 km).

5 AM FUSSE DER WEISSEN BERGE (LEVKA ORI)
Hania • Aptera • Katohori • Kambi • Mournies • Hania
67 km; 2 Stunden Fahrzeit; Ausfahrt A von Hania (Stadtplan Seite 8)
Am Wege: Picknick (siehe Seite 10-12) 3a, 3b, 4; Wanderung (2), 3, 4
Mittelprächtige bis gute Straßen; einige Schlaglöcher zwischen Katohori und Kambi.

Wildblumen im Frühling, Stille im Hochsommer, Farbenpracht im Herbst — auf dieser wunderschönen Tour verbinden sich die Bergwelt und die Geschichte der Insel auf angenehme Weise. Diese kurze Fahrt in die reizvolle ländliche Umgebung von Hania läßt sich gut an einem Vor- oder Nachmittag unternehmen. Man fährt bis zu den Ausläufern der Weißen Berge (Levka Ori), deren Gipfel oft bis in den Sommer hinein schneebedeckt sind.

Wir verlassen Hania über Ausfahrt A (Apokoronou). Am Ende dieser Allee (🅿), die aus der Stadt herausführt, folgen wir der Straße nach rechts (geradeaus geht es nach Souda) und biegen sogleich links auf die nach Rethimnon ausgeschilderte Hauptstraße. Wir verlassen erstmals die übliche Touristenroute, indem wir rechts nach Aptera biegen (12 km). An der Verzweigung in **Megala Horafia** (13 km) biegen wir scharf nach links. Nach einem Kilometer sehen wir **Aptera★** (🛈) rechts von uns ausgebreitet. Wir fahren zu dem türkischen Fort weiter, das die Souda-Bucht beherrscht (15 km 📷).

Vom Fort fahren wir zu der Verzweigung in Megala Horafia zurück und biegen scharf links nach Stilos; zwischen sanften Hügelketten geht es bergab. Dann (20 km) biegen wir scharf nach rechts. Hinter **Malaxa** (29 km) biegen wir links nach Kontopoula (Ausschilderung Κοντοπουλα). (Wenn man an dieser Stelle nach *rechts* biegt, kommt nach einer Minute eine gute Taverne mit herrlichem Ausblick; ✖📷). Wir fahren nach **Kontopoula** weiter; vor uns liegt ein großartiges Gebirgspanorama. Die nächste Häuseransammlung auf unserer Route ist **Katohori** (34 km). Am Ortsausgang fahren wir links über die Brücke. Hier beginnt Wanderung 3; man kann hier für Picknick 3a oder 3b das Auto abstellen (Foto Seite 51). Wir fahren weiter nach **Kambi** (Καμπι; 38 km) und nehmen die Rechtsabzweigung zum Dorfplatz. Rechts befinden sich die Kirche und ein Kafeneion. Wanderung 4 und Picknick 4 nehmen hier ihren Ausgang.

Wir kehren auf demselben Weg zurück; hinter der Brücke in Katohori biegen wir jedoch nach links (statt nach rechts). An der Verzweigung in **Gerolakos** (47 km) biegen wir nach rechts (links ginge es nach Drakonas; Variante von Wanderung 2). Wir fahren an **Loulos, Aletrouvari** und **Panagia** (links steht hier ein Kriegerdenkmal) vorbei. Die Straße windet sich sodann durch **Vantes** und **Mournies** (62 km) einen steilen Talhang hinab. Dann (64 km) biegen wir nach links und fahren geradeaus über die nächste Kreuzung hinweg (66 km). Auch an der nächsten Ampel fahren wir geradeaus weiter und haben schon bald den Markt von Hania erreicht (67 km).

6 QUER DURCH DIE INSEL

Hania • Vrises • Askyfou • Hora Sfakion • Frangokastello • Selia • Asomatos • Kloster Preveli • Rethimnon • Episkopi • Georgioupoli • Hania

240 km (auf der alten Straße von Rethimnon); 223 km (auf der neuen Straße von Rethimnon); 6-7 Stunden Fahrzeit; Ausfahrt A von Hania (Stadtplan Seite 8)
Am Wege: Picknick (siehe Seite 10-12) 6, (8a, 8b), 25, 27, AT6; Wanderung 5, 6, 8, (9), 24, 25, 26, 27
Die nach Süden führende Straße ist, obwohl sie verbreitert wurde, ausgesprochen kurvenreich. Besondere Vorsicht ist in Kurven oder beim Überholen (sofern sich diese Gelegenheit überhaupt bietet) geboten, da diese Strecke von vielen Linien- und Reisebussen befahren wird. Zum Glück haben die Busfahrer ihre Fahrzeuge gut unter Kontrolle!
Hinweis: Kloster Preveli ist von 8 bis 13 Uhr und von 15 bis 18 Uhr geöffnet. Besucher in kurzen Hosen oder Röcken sind unerwünscht.

Diese Tour bietet von allem ein bißchen. Zunächst geht es auf derselben Strecke in Richtung Süden, die Tausenden kriegsmüder Soldaten aus Großbritannien, Australien und Neuseeland während des Zweiten Weltkriegs als Rückzugsroute diente. Wir statten dem hübschen Hafenort Hora Sfakion einen Besuch ab; von hier fahren Boote in westlicher Richtung nach Loutro, Agia Roumeli am Ausgang der Samariaschlucht und Paleohora. Dann wenden wir uns ostwärts und folgen der Küste bis zum Frangokastello, einer einst befestigten Burg, die heute durch ihre einsame Lage beeindruckt. Wir kommen an der Kotsifasschlucht vorbei, ehe wir eines der schönsten kretischen Klöster besuchen: Kloster Preveli in herrlicher Einsamkeit. Dann setzen wir die Reise nach Norden fort, lassen die Ausblicke aufs Meer hinter uns und folgen der Kourtaliotikoschlucht nach Rethimnon. Hier lohnt es sich, das Auto stehenzulassen und zu einem zauberhaften Fleckchen hinabzugehen, wo es einen Wasserfall und ein verstecktes Kirchlein gibt. Anschließend geht es wieder nach Hania zurück, entweder auf der alten Landstraße oder auf der direkten Nationalstraße.

Wir verlassen Hania über Ausfahrt A (Apokoronou), folgen der Hauptküstenstraße in östlicher Richtung und lassen Souda links unten liegen. Es geht an der Abzweigung nach Aptera★ vorbei (12 km; Autotour 5). Dann (31 km) biegen wir rechts in Richtung Vrises, biegen sogleich an der Verzweigung nach links und fahren nach **Vrises** hinein. Im Ort biegen wir nach links (ausgeschildert nach Sfakia) und fahren nach Süden; rechts liegen die herrlichen Weißen Berge. Wir kommen an der Linksabzweigung nach Alikampos vorbei (37 km), wo Wanderung 6 beginnt.

Die Straße windet sich bergauf, während die Landschaft grauer und felsiger wird. Hinter einer Kurve bietet sich eine herrliche Aussicht (47 km 📷): Links von der Straße erstreckt sich die Ebene von Askyfou (Foto Seite 112). Auf einer Anhöhe im Vordergrund steht ein auffälliges türkisches Fort. Das kleine Dorf links unten auf dem Hügel heißt **Kares** (48 km); hier beginnt

Wanderung 26. Die Straße verläuft am Rande der Ebene entlang. Als nächstes kommt der Hauptort dieser Gegend, das namengebende **Askyfou** (49 km ⛽). Wir fahren weiter um die Ebene und folgen dann der Straße, die wieder nach Süden führt. Diesen Weg gingen im Zweiten Weltkrieg Tausende von Soldaten aus Großbritannien, Australien und Neuseeland, als sie Westkreta fluchtartig räumten.

Georgioupoli: Ein friedvolles Bild am Ende eines felsigen Wellenbrechers, der den örtlichen Strand zur Rechten und den kleinen Hafen zur Linken beschützt.

30 Landschaften auf Westkreta

Die Straße verläuft entlang der Imbrosschlucht, die wir links unten erblicken (55 km). Hier beginnt Wanderung 25; ein 20minütiger Spaziergang von **Imbros** führt zu Picknickplatz 25. Bald (59 km) können wir linker Hand entlang der Südküste nach Osten blicken und auch die Burgruine Frangokastello erkennen. Aber wir befinden uns gegenwärtig noch hoch über dem Meer und müssen weiter vorsichtig auf der Straße fahren, die sich äußerst kurvenreich zur Küste hinabschlängelt. Dann (68 km) mündet von Osten die Küstenstraße ein. Wir fahren weiter bergab und kommen in das hübsche Dorf **Hora Sfakion★** (72 km ▲▲✖; Foto Seite 110). Auf dem Weg in den Ort hinab nehmen wir die untere Straße zum Hafen. Die Wanderungen 21-25 enden in Hora Sfakion — mit dem Boot oder zu Fuß.

Wir fahren auf demselben Weg zurück und erreichen eine Verzweigung (75 km). Hier folgen wir der Ausschilderung nach Patsianos und fahren geradeaus an der Küste entlang. Es geht durch **Komitades** (76 km). Wanderung 25, die in Imbros beginnt, kann hier oder in Hora Sfakion beendet werden. Wir fahren weiter durch **Vraskas, Vouvas, Nomikiana** und **Agios Nektarios,** wo Wanderung 26 endet. Dann (83 km) biegen wir rechts zur Burgruine Frangokastello und fahren zum Meer hinab. Nach vier Kilometern auf einer holprigen Straße erreichen wir den **Frangokastello★** (87 km 🛈). Nachdem wir einen Rundgang durch die Burgruine gemacht haben, fahren wir auf derselben Küstenstraße weiter nach Osten. An der Verzweigung (90 km), wo ein Wegweiser nach **Skaloti** steht, biegen wir nach rechts. Wir fahren durch den Ort und weiter nach **Argoules**. Nun überqueren wir einen Bach und kommen nach **Ano Rodakino** und **Kato Rodakino** (100 km).

Nach der Rechtsabzweigung zum Koraka-Strand lohnt es sich anzuhalten, um den Ausblick zu genießen. Es kommt ein besonders guter Aussichtspunkt (103 km), von wo der Blick nach Westen zurück über die Küste schweift. Dann (104 km) können wir parken, um das Panorama (📷) zu genießen. Rechts stürzen steile Klippen ins Meer, während die großartige Landschaft inseleinwärts felsig und öde ist. Einige Kilometer weiter bietet sich eine wunderschöne Aussicht nach allen Seiten; ringsum erheben sich Anhöhen... aber nirgendwo gibt es eine Parkmöglichkeit.

Die Straße führt durch **Selia** (111 km) bergab. Dann (112 km) folgen wir einer scharfen Rechtsabzweigung bergab; dies ist die Straße von Rethimnon, die der Kotsifas-Schlucht folgt. Von **Mirthios** (114 km 📷✖) aus bietet sich ein schöner Blick auf Plakias. An der Verzweigung (115 km), an der ein Schild »Plakias 3 km« nach rechts weist, biegen wir nach links. (Falls man jedoch den Plakias-Strand zum Baden oder zum Mittagessen in einer Taverne besuchen möchte, biegt man nach rechts.) Wir kommen dann an **Mariou** vorbei, das weit oberhalb des Meeres liegt; rechts erstreckt sich flaches Ackerland.

Falls man Kloster Preveli nicht besuchen möchte (was sehr

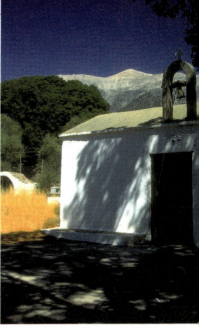

Kapelle in Anopolis (Wanderung 23). Dieses herrliche Gebiet ist auf einem kurzen Abstecher von Hora Sfakion zu erreichen.

schade wäre), folgt man in **Asomatos** (122 km ⛽) der Ausschilderung nach Rethimnon. In Asomatos beginnt Wanderung 27, und man kann hier für Picknick 27 das Auto abstellen. Hier führt die Haupttour scharf rechts bergab in eine Kurve hinein und beinahe wieder in die Richtung zurück, aus der man kam. (Hier steht ein Wegweiser zum Kloster und nach Lefkogia.) Dann (123 km) biegen wir links auf eine Asphaltstraße und folgen ihr bis zum Kloster. Links erblicken wir die Kourtaliotikoschlucht. Wir fahren an der Ruine des ursprünglichen Klosters★ aus dem 16. Jahrhundert vorbei und bleiben auf der Straße. Bald kommt direkt nach einer Kurve und hinter einer Anhöhe **Kloster Preveli**★ (129 km ✝) in Sicht, wunderschön und sehr friedvoll gelegen. Auf Seite 118-119 sind der palmengesäumte Strand, wo sich der Fluß Megalopotamos ins Meer einmündet, und das Kloster abgebildet. Wanderung 27 bietet eine herrliche, allerdings ziemlich lange Rundtour von Asomatos zum Kloster Preveli.

Wir fahren nun am ursprünglichen Kloster vorbei dieselbe Strecke bis zur Brücke zurück, biegen nach rechts (133 km) und gelangen wieder auf die Hauptstraße (135 km). In **Asomatos** biegen wir nach rechts (136 km) und folgen der Ausschilderung nach Rethimnon. Diese Strecke verläuft ein kurzes Stück entlang der Kourtaliotikoschlucht. Wir achten auf ein Geländer und kleine Schilder; direkt davor kann man rechts parken. Es lohnt sich, hier hinunter- und anschließend wieder hinaufzugehen. Mit etwas Glück hält gerade kein Reisebus. Der Pfad führt zu einer schön gelegenen Kirche und einem kühlen Wasserfall (Picknick AT6).

Es geht nun nach Norden. In **Koxare** (143 km) weitet sich die Landschaft. Wir stoßen auf die Hauptverbindungsstraße Rethimnon/Agia Galini (144 km) und folgen ihr nach links (⛽ 151 km). Es geht an einer Linksabzweigung nach Hora Sfakion vorbei und weiter nach **Armeni** (157 km ⛽). Bald kommen in der Ferne das Meer und die Nordküste in Sicht.

32 Landschaften auf Westkreta

Während wir uns Rethimnon nähern, bietet sich ein sehr guter Blick auf die Ortschaft und den neuen Hafen (⛴). Um **Rethimnon**★ (167 km 🛈🏨✗☏⊕M) zu besuchen, unterqueren wir die Nationalstraße und folgen der Straße zunächst nach links, dann nach rechts, um im Ortszentrum zu parken (Stadtplan Seite 9). Vor allem der alte Hafen eignet sich für einen kurzen Spaziergang. Kein Ort auf Kreta ist durch seine mittelalterliche Vergangenheit so geprägt wie Rethimnon mit seinen byzantinischen und venezianischen Gebäuden. Das Museum besitzt eine Münz- und Antiquitätensammlung.

Wenn man Rethimnon verläßt, kann man wieder auf die Nationalstraße zurückkehren oder aber, falls man noch genügend Energie hat, folgendermaßen fahren: Wir unterqueren die Nationalstraße am westlichen Ortsrand von Rethimnon und fahren nach Süden in Richtung Atsipopoulo (171 km). Kurz hintereinander kommen wir durch **Atsipopoulo, Prines, Gonia** und **Agios Andreas**, Bauerndörfer in einem bewaldeten Tal. **Episkopi** (189 km ☏) ist etwas größer. Direkt nach der Abzweigung nach Φιλακι (Filaki) erblicken wir vor uns eine Niederung mit Bergen im Hintergrund. Wanderung 6 führt auf dem Abstieg von Alikampos nach Kournas hier hinunter.

Wir biegen links (193 km) auf eine Staubstraße, die landeinwärts nach Kournas führt. An einem Wegweiser, der links nach Filaki zeigt, fahren wir geradeaus vorbei. Am Ortseingang von **Kournas** (196 km 🍴⛴) steht eine schöne Kirche. Wir fahren über den Dorfplatz hinauf; eine neue Kirche bleibt rechts liegen. Während wir Kournas verlassen, erblicken wir wieder die Nordküste. Dann kommt unten der einzige Süßwassersee Kretas in Sicht — ein wunderschöner und erfrischender Anblick (198 km; Picknick 6).

Wir fahren am Ende des Sees vorbei, folgen der Ausschilderung nach Hania und kommen am Ziel von Wanderung 6 vorbei (201 km). An der Verzweigung (203 km) biegen wir links nach Hania, überqueren die Nationalstraße (die Hauptstraße von Ost nach West) und erreichen den Hauptplatz in **Georgioupoli** (204 km 🏨✗). Wanderung 5 beschreibt eine schöne Rundtour von diesem Dorf nach Selia und zurück (Fotos auf Seite 29, 56 und 61). Vor dem Kiosk biegen wir nach links und fahren eine Eukalyptusallee hinab. Zur Linken dieser Landstraße verläuft die Hauptstraße. Dann (210 km) biegen wir nach links, um auf die Hauptstraße zu gelangen (die Abzweigung ist nicht beschildert, aber rechts befindet sich ein freistehendes Gebäude). Wir folgen der Hauptstraße rechts nach Hania. Es geht an dem venezianischen Fort vorbei, das heute als Gefängnis dient und unter seinem türkischen Namen Itzedin bekannt ist, und weiter nach Hania (240 km). Man kommt viel leichter ins Ortszentrum, wenn man die Nationalstraße dort verläßt, wo Souda rechts ausgeschildert ist (*nicht* am Anlegeplatz der Fähre, der zuerst kommt). An der Verzweigung biegt man nach links und fährt dann auf dem Hinweg in den Ort hinein.

7 KRETISCHE PERLEN

Hania • (Rethimnon) • Armeni • Spili • Agia Galini • Festos • Agia Triada • Hania

264 km; etwa 6 Stunden Fahrzeit; Ausfahrt A von Hania (siehe Stadtplan Seite 8)

Am Wege: Picknick (siehe Seite 10-12) (8a, 8b); Wanderung 8 und 9 liegen in der Nähe

Diese Tour verläuft durchweg auf Hauptstraßen. Mit Schlaglöchern muß man dennoch rechnen; Bodensenkungen auf der nach Süden führenden Strecke haben Straßenschäden verursacht, auf die man sich einstellen sollte.

Es ist wahrlich eine lange Fahrt, bis wir unsere eigentlichen Ziele im Osten Kretas — Festos und Agia Triada — erreicht haben, aber unterwegs kommen wir durch einen Großteil Kretas. Ohne Zweifel werden viele Urlauber nicht die Mühe scheuen, diese beiden bedeutenden archäologischen Stätten zu besuchen. Die Fahrt dorthin verläuft über Spili, ein ausgesprochen malerischer Ort, und dann zwischen den Bergen Kedros und Siderotas.

Wir verlassen Hania über Ausfahrt A (Apokoronou). Am Ende der Allee (🍽), die aus dem Ort herausführt, folgen wir der Straße nach rechts (6 km; geradeaus ist Souda ausgeschildert) und biegen sogleich links auf die nach Rethimnon ausgeschilderte Nationalstraße. Wir fahren an den Abzweigungen nach Aptera★ (Autotour 5), Vrises und Hora Sfakion (30 km; Autotour 6) und Georgioupoli (33 km; ebenfalls Autotour 6) vorbei. Die Straße verläuft von hier direkt am Meer entlang nach Rethimnon (🍽 41 km; ✕🍽 48 km). In den Vororten bietet sich ein guter Blick auf Rethimnon. Dann fahren wir über eine Ampelkreuzung (59 km; links geht es zum alten Hafen, rechts nach Atsipopoulo). Wir verlassen die Nationalstraße am nächsten Straßenschild, wo Spili und Armeni nach rechts ausgeschildert sind.

Es geht nun nach Süden durch **Armeni** (70 km 🍽; benachbarter minoischer Friedhof 🏛★), **Mixorouma** (86 km 🍽) und **Spili** (89 km ▲✕). Dieser größere, reizende Ort lohnt eine Unterbrechung der

Agia Galini ist ein sehr beliebter Ferienort; man sollte ihn außerhalb der Saison besuchen. Von diesem bezaubernden Hafen schweift der Blick nach Norden auf das Ida-Gebirge (Psiloritis).

34 Landschaften auf Westkreta

Fahrt. Wir fahren über **Kisou Kampos** (95 km 🍴) weiter und achten in der Gegend um **Akoumia** (98 km), wo die Straße kurz in entgegengesetzter Richtung zurückführt, auf Straßensenken. Wir blicken zum Gipfel des Psiloritis hinauf, der häufig bis in den Hochsommer hinein schneebedeckt ist, und sollten auch das gesamte Ida-Gebirge (📷) mit dem Berg Kedros im Vordergrund in Ruhe auf uns wirken lassen.

Dann (112 km) nehmen wir die Abzweigung nach **Agia Galini**. Die Straße gabelt sich, und wir fahren links zum Hafen dieses lebhaften Ferienortes hinunter (114 km 🏨✖🍴). Nachdem wir uns etwas die Beine vertreten haben, kehren wir zur Hauptstraße zurück. An der Verzweigung geht es nach rechts, der Ausschilderung nach Iraklion folgend (Δ✖ 116 km). An zahlreichen Foliengewächshäusern vorbei kommen wir in die Gemeinde Iraklion (122 km) und dann durch die unschöne, funktionale Siedlung **Timbaki** (127 km 🍴). Bald sehen wir ein Schild mit griechischer, dann eines mit lateinischer Aufschrift; nach Festos sind es 2 km, nach Agia Triada 5 km.

Die minoische Ausgrabungsstätte **Festos**★ (129 km 🏛✖WC) ist einzigartig gelegen: Nach Osten fällt der Blick auf das Dikti- und Lasithi-Gebirge, nach Norden auf den Ida-Höhenzug und nach Süden auf die Asterousias-Berge. Von Festos aus fahren wir über den Parkplatz weiter und biegen dann nach rechts. Diese Abbiegung führt uns in Richtung der Mesara-Ebene zurück bis zu einer Stelle, von der aus man in wenigen Minuten zu den Überresten des herrlich gelegenen minoischen Sommerpalastes **Agia Triada**★ (132 km 🏛) hinabgehen kann.

Wenn es Zeit für die Heimreise wird, fahren wir auf derselben Strecke nach Hania zurück. Falls man noch genügend Energie für einen Umweg hat, kann man auch der »alten Straße« von Rethimnon nach Hania folgen (264 km). Die Beschreibung dieser Strecke beginnt mit dem zweiten Absatz auf Seite 32.

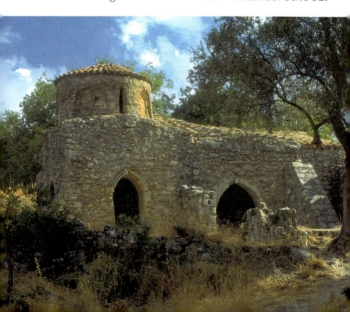

8 DAS AMARITAL

Hania • Rethimnon • Apostoli • Thronos • Fourfouras • Agios Ioannis • Gerakari • Rethimnon • Hania

240 km; 6 Stunden Fahrzeit; Ausfahrt A von Hania (siehe Stadtplan Seite 8)

Am Wege: Picknick (siehe Seite 10-12) (8a, 8b), AT8; Wanderung 7, 8, (9), 28, 29 (Wanderung 30 und 31 liegen in der Nähe)

Die Tour verläuft überwiegend auf recht gut asphaltierten Landstraßen, die jedoch stellenweise schmal sind.

Das Amarital bildet eine natürliche Querverbindung von Nord nach Süd und wurde daher während des Zweiten Weltkriegs viel von Flüchtlingen benutzt. Etwa vierzig Dörfer und eine Vielzahl byzantinischer Kirchen liegen in seinem Umkreis. Auf unserem Weg durch das Tal begleitet uns eine herrliche Landschaft, aber wir genießen auch eindrucksvolle und weitreichende Ausblicke auf die südwestlichen Hänge des Psiloritis, der höchsten Erhebung Kretas, und die von den Gipfeln Kedros, Soros, Fortetza und Vrissinas gebildete Bergkette.

Wir folgen der Beschreibung von Autotour 7 (Seite 33) nach **Rethimnon.** An der ersten Ampel (59 km) fahren wir geradeaus weiter, *vorbei* an der Abzweigung nach Spili und Amari, die man auf Autotour 7 nimmt. Wir nehmen die *nächste* Rechtsabzweigung und folgen der Ausschilderung nach Amari. Während wir uns Prasies nähern, erblicken wir im Südwesten den Vrissinas (858 m), den höchsten Gipfel jenseits des Tals und zugleich das Ziel von Wanderung 9. Die Ortschaft **Prasies** (71 km ☗) ist sehr hübsch und von ihrer venezianischen Vergangenheit geprägt. Danach genießen wir von einer Anhöhe (72 km) einen hinreißenden Blick (📷; Foto Seite 62) auf die Prassanosschlucht. Bald, unmittelbar nach der Rechtsabzweigung nach Mirthios, kommen wir am Ausgangspunkt von Wanderung 7 vorbei, die in diese Schlucht führt.

Wir fahren vorsichtig über eine schmale Brücke (74 km), ehe es in das Tal hinabgeht (80 km ✕🍴). Dann führt die Straße wieder bergauf aus dem Tal heraus und verläuft daran entlang. Am Anfang des Amaritals liegt **Apostoli** (90 km ☗✕ und 🍴 direkt hinter dem Ort). Unsere Rundfahrt wird uns wieder hierher zurückführen. Wir fahren geradeaus durch **Agia Fotini** (91 km 🍴) und bleiben auf der Hauptstraße, bis wir in einer Kurve einen Wegweiser nach **Thronos** sehen. Diese Straße führt uns nach links zur Ortschaft empor (92 km ☗). Nachdem wir die Kirche besichtigt haben, kehren wir zur Hauptstraße zurück und folgen ihr nach links, um unsere Rundfahrt fortzusetzen. Auf der Weiterfahrt sehen wir links oben das hübsche Bergdorf

Die Kapelle Agios Ioannis Theologos bei Gerakari (Autotour 8)

Kalogeros (✝ mit Fresken aus dem 14. Jh.). Eine Minute später erblicken wir rechts die kleine byzantinische Kirche Agia Paraskevi aus dem 15. Jahrhundert.

Wir fahren an der Abzweigung (93,5 km) nach Amari vorbei geradeaus auf der Hauptstraße weiter (✝ 97 km), die eine Linksbiegung beschreibt. Dann kommen wir durch **Afratas** (100 km) und fahren durch uralte Olivenhaine weiter; rechts bieten sich schöne Ausblicke auf Amari. Wir erreichen **Visari** (103 km). Die Straße schlängelt sich um den Ortsrand und führt nach **Fourfouras** (105 km 🍴) hinauf. Wanderung 29 (Foto Seite 125) beginnt in dieser Ortschaft, die größtenteils rechts unterhalb der Straße liegt. Hinter Fourfouras liegt der Berg Kedros (1777 m), eine freundlich wirkende Anhöhe im Vergleich zu den faszinierenden zerklüfteten Felsspitzen und hohen Abhängen des Psiloritis, der sich links der Straße erhebt. Zwei Kilometer hinter Fourfouras, während es weiter bergauf geht, schweift der Blick nach rechts zurück über den Ort und den gesamten Amari-Talkessel zu unseren Füßen (📷).

Es geht über **Kouroutes** (112 km ✝) und **Nithavris** (116 km) weiter. Hier biegen wir am Ortsende (bei einem Kriegerdenkmal) rechts nach Agios Ioannis. Diese Straße führt quer durch das Tal und durch den höhergelegenen Ortsteil von **Agios Ioannis** (120 km). Dann (120,5 km) biegen wir *scharf rechts* nach Rethimnon (und *nicht* zur Kirche Agia Paraskevi!). Die Straße in Richtung Rethimnon führt uns nun durch den unteren Ortsteil von Agios Ioannis.

Wir überqueren eine Brücke (125,5 km) über den Fluß Platys und erblicken rechts die malerische alte Brücke, die auf Seite 10 abgebildet ist (Picknick AT8). Hinter der Brücke steigt die Straße auf der westlichen Talseite oberhalb der Olivenbäume an. Wir kommen sogleich durch **Hordaki** (132 km) und **Ano Meros** (136 km), eine etwas heruntergekommene, aber nicht unansehnliche Ortschaft mit roten Hausdächern; hier beginnt Wanderung 28. An der Ortsausfahrt steht ein auffallendes Kriegerdenkmal, das eine Frau mit einem Hammer in der Hand darstellt. Zur Rechten des kleinen Dorfes **Drigies** (138 km) erhebt sich der Berg Samitos. Wir kommen durch **Vrises** und **Kardaki**, ehe wir direkt vor Gerakari rechts die verfallene Kapelle Agios Ioannis Theologos (✝; Foto Seite 34-35) erblicken. Sie birgt byzantinische Fresken aus dem 13. Jahrhundert. Selbst im Herbst ist **Gerakari** (145 km) merklich grüner als die übrige Landschaft. Links kommt ein Friedhof, ehe wir **Meronas** (150 km ✝) erreichen; frisches Quellwasser plätschert die Hänge herunter.

In **Agio Fotini** (155 km) biegen wir nach links, der Ausschilderung nach Rethimnon folgend. Es geht geradeaus nach **Apostoli** hinein. Wir haben nun unsere Fahrt rund um das Amarital beendet. In **Rethimnon** fahren wir auf die Nationalstraße, die in Richtung Westen nach Hania führt (240 km).

 Wandern

Westkreta ist zweifellos ein Paradies für begeisterte Wanderer. Allzuviel Ausdauer ist aber nicht unbedingt notwendig, um diesen herrlichen Teil Griechenlands näher kennenzulernen, denn es gibt eine Vielzahl leichter Wanderungen und Spaziergänge. Auch wenn man von der Samariaschlucht überfordert ist, kann man dennoch eine ganze Reihe der beschriebenen Wanderungen in Westkreta unternehmen. Was diese Wanderungen besonders reizvoll macht, ist die Tatsache, daß man von Anfang bis Ende von herrlicher Landschaft umgeben ist und nur gelegentlich auf Einheimische trifft — ein ungetrübtes Wandervergnügen!

Die »Landschaften«-Reihe ist so angelegt, daß alle Wanderungen und Ausflüge als Tagestouren vom jeweiligen Ferienquartier aus unternommen werden können. Falls man aber eine mehrtägige Wanderung unternehmen und auswärts übernachten möchte, lassen sich einige der beschriebenen Wanderungen auch miteinander verbinden. Man wandert so über Berge, durch Schluchten und an der Küste entlang (siehe beispielsweise Wanderung 16-26).

Es gibt natürlich weitaus mehr Wandermöglichkeiten im Westen Kretas als in diesem Buch beschrieben, aber häufig sind diese Gebiete nur schwer mit öffentlichen Verkehrsmitteln erreichbar oder man müßte in etwas abgelegeneren Ortschaften Quartier beziehen. Die vorliegenden Wanderungen stellen jedoch eine repräsentative Auswahl an Landschaften und Küstenlandstrichen Westkretas dar.

Vorsicht: **Man sollte nie versuchen, ohne Karte durch unbekanntes Gelände von einer Wanderroute zur nächsten zu gelangen.** Wanderungen sollte man nur verbinden, indem man der Wegbeschreibung folgt oder Straßen bzw. Fahrwege benutzt. Niemals sollte man querfeldein durch unwegsames Gelände wandern, sofern man nicht in Begleitung eines örtlichen Führers ist — es könnte gefährlich sein! **Keinesfalls** darf man militärische Einrichtungen betreten oder in deren Nähe fotografieren.

Auf Wanderungen sollte man alle Personen grüßen, die man trifft oder bei der Feldarbeit sieht. Die Einheimischen, denen man begegnet, sind mit der Landschaft und Kreta engstens verbunden; einen freundlichen Gruß werden sie dankbar erwidern.

Es gibt in diesem Buch Wanderungen für jeden Geschmack:
Anfänger sollten mit den als »leicht« oder »einfach« bezeichneten Wanderungen beginnen. Passende Beispiele sind die Wanderungen 1, 2, 5, 12, 15, 16, 20 (Kurzwanderung), 25 und 31. *Man braucht sich nur die Picknickvorschläge auf Seite 10-12 anzusehen*, um eine große Auswahl an leichten Spaziergängen zu finden.

Erfahrene Wanderer, die unwegsames Gelände gewöhnt sind und sich fit fühlen, sollten in der Lage sein, alle Wanderungen dieses Buches zu unternehmen und zu genießen. Einige Wanderungen sind sehr lang; hier macht sich eine gewisse Erfahrung bezahlt. Auf zwei Wanderungen ist Schwindelfreiheit erforderlich. Auch die Jahreszeit und das Wetter sind zu berücksichtigen. Im Hochsommer sollte man keine anstrengenderen Wanderungen unternehmen, sich vor der Sonne schützen und reichlich Getränke und Obst mitnehmen. *Sturmschäden können jede in diesem Buch beschriebene Wanderung zur gefährlichen Tour machen.* Außerdem sollte man immer auf dem beschriebenen Wanderweg bleiben. Falls man einen bestimmten Orientierungspunkt nicht innerhalb angemessener Zeit erreicht, sollte man unbedingt zur letzten »sicheren« Stelle zurückgehen und einen neuen Versuch wagen, den Weg zu finden.

Wanderprofis lockt der Ruf des Hochgebirges! Sowohl die Weißen Berge als auch das Ida-Gebirge (Psiloritis) sind eine großartige Herausforderung (Wanderung 4, 19, 20, 29, 30).

Wanderführer, Wegzeichen und Karten

Erfahrene Wanderer, die gewohnt sind, einen Kompaß zu benutzen, brauchen für keine der hier beschriebenen Wanderungen einen Führer. Wenn man aber weitere Touren unternehmen möchte, empfiehlt es sich, den Griechischen Alpenwanderverein (EOS) unter Olympic Airways in der Tsanakaki-Straße in Hania zu kontaktieren. Man kann sich auch mit Josef Schwemberger in Verbindung setzen (Tel. 0821-74560); dieser Österreicher führt die Kallergi-Hütte oberhalb der Omalos-Ebene.

Viele Wanderwege im Westen der Insel sind mit roten Farbtupfern oder Steinmännchen **markiert**. Außerdem gibt es ein ganzes Netzwerk von »E4«-Routen. Diese »Europäischen Wanderwege« sind mit schwarz/gelben Metallfähnchen und Farbzeichen sehr gut markiert. Falls eine der im Buch beschriebenen Wanderungen auf einer E4-Route verläuft, wird darauf hingewiesen und die Wegbeschreibung auf ein Minimum beschränkt.

Einzig der Harms-Verlag gibt großmaßstäbliche **Karten** (1:80.000) von Kreta heraus*. Dennoch ist dieser Maßstab zum Wandern noch zu klein. Die Autorinnen haben daher die Wanderrouten im Gelände aufgenommen und sie zusammen mit neuen Straßen so genau wie möglich in alte topographische Karten (1:50.000) eingezeichnet. Da es kein neueres Kartenmaterial in diesem Maßstab gibt, stimmt der Routenverlauf natürlich nicht ganz exakt, und selbstverständlich konnten nicht alle neuen Wege eingezeichnet werden, die in den letzten Jahren angelegt wurden. Die Wegbeschreibungen sind präzise genug, um alle Wanderungen ohne Schwierigkeiten zu finden, während die Karten mehr ein Gefühl für das Gelände vermitteln.

*Fünf Kartenblätter, zweite Auflage 1995/96.

Hunde, Schlangen und Insekten

Hunde breschen auf Kreta ziemlich couragiert hervor, sind aber nicht gefährlich. Sie kläffen sehr laut (worin läge auch sonst ihr Nutzen als Wachhund?) und kommen scheinbar voll böser Absicht heran. Wenn man aber unbeeindruckt an ihnen vorbeigeht, ziehen sie sich wieder zurück. »El-la« ist ein Ausdruck, den man sich merken sollte. Als Aufforderung ausgesprochen bedeutet er »komm her«, etwas anders betont heißt er »hör auf«. Wenn man den Hund so auffordernd anspricht, wird er sich rasch beruhigen. Falls man einen Wanderstock bei sich hat, sollte man ihn etwas verborgen tragen und dem Hund damit nicht drohen.

Im Herbst wird man eventuell von **Gewehrsalven** aufgeschreckt, aber es handelt sich nur um Wochenendjäger auf der Pirsch. Mit Sicherheit sieht man sie auch Steine in die Büsche werfen; hier sind griechische Treiber am Werk.

Vor den Hinterbeinen der **Esel** sollte man sich vorsehen. Es ist zwar sehr unwahrscheinlich, daß sie austreten, aber diese Möglichkeit besteht.

Gelegentlich sind **Schlangen** zu sehen, und auch **Vipern** wurden auf Kreta schon gesichtet, aber sie sind nur selten anzutreffen. Es gibt giftige **Spinnen** (»Rogalida«) auf der Insel, aber es ist unwahrscheinlich, daß man sie erblickt, da sie sich versteckt halten. Schon eher bekommt man **Skorpione** zu Gesicht. Ihr Stich ist harmlos, aber schmerzhaft. Wie Spinnen und Schlangen verbergen sie sich tagsüber meist unter Steinen oder Holzstämmen. Falls man einen Stein oder dergleichen bewegt, um sich zu setzen, sollte man sich zunächst die Unterseite anschauen.

Wer gegen Bienenstiche allergisch ist, sollte stets die nötigen Medikamente mit sich führen. Im Hochsommer gibt es viele **Bienen**, insbesondere an Wassertrögen und im Thymian. Außerdem empfiehlt es sich, ein elektrisches Abwehrgerät und etwas zum Einreiben gegen **Stechmücken** sowie Mückenstichsalbe auf die Reise zu nehmen.

Ausrüstung

Falls man dieses Buch erst auf Kreta erwirbt und keine speziellen Ausrüstungsgegenstände wie Rucksack oder Wanderstiefel im Reisegepäck hat, kann man dennoch viele Wanderungen unternehmen oder die wichtigsten Dinge vor Ort erwerben. Für jede Wanderung ist die *Mindestausrüstung* aufgeführt. Auch folgende Checkliste kann sich als nützlich erweisen:

- feste Schuhe mit Knöchelschutz oder Wanderstiefel; Ersatzschnürsenkel
- Regenschutz (außerhalb der Sommermonate)
- langärmeliges Hemd (Sonnenschutz)
- lange Hosen; (lange) Socken
- Wasserflasche, Plastikteller usw.
- Anorak mit Reißverschluß
- Sonnenhut, Sonnenbrille, Sonnencreme
- Trillerpfeife, Taschenlampe, Kompaß
- Insektenabwehrmittel, Desinfektionsmittel
- aktueller Busfahrplan
- kleine Erste-Hilfe-Ausrüstung
- Messer, Dosenöffner, Plastikplane
- leichter Wollpullover
- kleiner Rucksack

Landschaften auf Westkreta

Bitte daran denken: Nicht jede Wanderung dieses Buches haben die Autorinnen unter *allen* Wetterbedingungen durchgeführt. Natürlich weiß man, daß man beim Wandern viel Flüssigkeit braucht, aber eventuell ist man sich beispielsweise nicht bewußt, wie heiß oder exponiert einige Wanderungen sein können. Vorsicht vor der Sonne und der inneren Austrocknung (Dehydradation). Man lasse sich nicht vor einer Wolkendecke täuschen, denn man kann trotzdem einen Sonnenbrand bekommen, insbesondere am Nacken und an den Beinen. Daher sollte man *immer* ein langärmeliges Hemd und eine lange Hose mitnehmen, die man sich überziehen kann, wenn man genug Sonne gehabt hat. **Stets sollte man einen Sonnenhut tragen.** Die Mittagsrast sollte man an heißen Tagen im Schatten machen und reichlich Getränke und Obst mitnehmen. Im Frühjahr und Herbst kann es in den Bergen kalt sein. Selbstverständlich muß die Ausrüstung, wie sie zu Beginn einer jeden Wanderung angegeben ist, der jeweiligen Jahreszeit angepaßt werden.

Unterkunft

Hania wurde als unser Ausgangsquartier für die Wanderungen gewählt, da die Mehrzahl der Urlauber im Westen Kretas hier untergebracht sind. Aber auch Urlauber, die in Rethimnon, Kastelli oder an der Südküste wohnen, können sich ohne weiteres vielen Autotouren anschließen. Einige der Wanderungen liegen sogar buchstäblich vor der Tür, aber für entfernt gelegene Wanderungen sollte man mittels der Busfahrpläne (Seite 133-134) prüfen, ob es vom jeweiligen Ferienort aus eine praktikable Busverbindung gibt. Wegen der Größe der Insel muß man bei manchen Anfahrten zu Wanderungen im Westen den Bus wechseln. Obwohl der Tag dadurch länger wird, hat dies den Vorteil, daß man mehr von der Landschaft sieht. Wenn man in einem der kleineren Dörfer übernachten möchte, kann man sich in den örtlichen Tavernen nach einem Zimmer erkundigen. Für die Levka Ori-Wanderung empfiehlt sich eine Übernachtung in der Kallergi-Hütte (siehe Seite 38, »Wanderführer«).

Wetter

April, Mai, September und Oktober sind sicherlich die besten Wandermonate auf Kreta. Die Lufttemperatur ist gemäßigt, aber die Sonne scheint. Es läßt sich auch im Juni, Juli und August wandern; obwohl es an der Küste sehr heiß sein kann, weht in den Bergen oft eine leichte Brise. Zweifellos sind Wanderungen in diesen Monaten aber ermüdender, und man muß sich vor der Sonne und der Hitze sehr in Acht nehmen. Wanderungen, die keinerlei Schatten bieten (beispielsweise Wanderung 11 auf der Halbinsel Rodopou), sollten im Hochsommer *nie* unternommen werden.

Der Meltemi, der von Norden weht, ist ein unangenehmer Wind, der im Hochsommer mit einer kräftigen heißen Luftströmung weht. Dieser Gluthauch wirbelt den Staub auf,

vermischt die Luftschichten, bringt aber keine Abkühlung.
Im Februar und November regnet es häufig. Im Dezember und Januar ist es kühl, und wenn es erst einmal regnet, dann meist gleich für zwei oder drei Tage. Im Winter hat man jedoch an Sonnentagen auf Kreta eine unglaublich klare Sicht und bei Temperaturen um 20°C das ideale Wanderwetter.

Zu bemerken wäre noch, daß es häufig an der Südküste windstill ist, wenn an der Nordküste ein Wind weht.

Wichtige Hinweise für Wanderer

Bitte unbedingt beherzigen:
- **Sturmschäden oder Straßenbau können eine Wanderung jederzeit gefährden.** Wenn die Route anders als hier beschrieben ist und der weitere Weg unsicher erscheint, sollte man die Wanderung *abbrechen*.
- **Niemals sollte man allein wandern**; am besten wandert man zu viert.
- **Man sollte seine Kräfte nicht überschätzen**; der Langsamste der Gruppe bestimmt das Tempo.
- Die **Verkehrsverbindungen** am Ende der Wanderung sind sehr wichtig.
- **Geeignetes Schuhwerk** ist unerläßlich.
- In den Bergen braucht man **warme Kleidung**; auch im Sommer sollte man geeignete Kleidungsstücke mitnehmen für den Fall, daß man sich verspätet.
- **Kompaß, Taschenlampe** und **Trillerpfeife** wiegen wenig, können aber lebensrettend sein.
- Auf langen Wanderungen sollte man **zusätzlichen Proviant** und Getränke mitnehmen.
- **Stets sollte man einen Sonnenhut mitnehmen**, im Sommer außerdem etwas, um die Arme und Beine vor der Sonne zu schützen.
- In unwegsamem Gelände ist ein **fester Stock** hilfreich.
- Im Notfall **Ruhe bewahren.**
- Man sollte den **Wichtigen Hinweis auf Seite 2**, die Hinweise zum Natur- und Landschaftsschutz auf Seite 13 sowie die Angaben zu Schwierigkeitsgrad und Ausrüstung der jeweiligen Wanderung, die man unternehmen möchte, lesen und auch beherzigen.

Griechisch für Wanderer

In den größeren Ferienorten braucht man fast kein Griechisch zu können, aber sobald man aufs Land kommt, sind ein paar Brocken in der Landessprache hilfreich... und die Einheimischen freuen sich darüber.

Nachfolgend eine Möglichkeit, auf Griechisch nach dem Weg zu fragen *und die Antwort auch zu verstehen*. Man prägt sich zunächst die Schlüsselfragen (siehe unten) ein. Dann läßt man auf die Schlüsselfrage eine zweite Frage folgen, die nur mit ja (ne) oder nein (ochi) beantwortet werden kann. Die Griechen heben stets leicht den Kopf, wenn sie »nein« sagen, was für uns fast wie ein bejahendes Nicken aussieht. (Übrigens wird »ochi« (nein) wie **o**hi, **o**schi oder sogar **o**ji ausgesprochen.)

Nachfolgend die beiden häufigsten Situationen, in denen man etwas Griechisch können muß. Anstelle der Pünktchen (...) muß man den Zielort einsetzen. Siehe das Ortsregister für die ungefähre Aussprache der Ortsnamen.*

- **Fragen nach dem Weg**

Die Schlüsselfragen

Deutsch	ungefähre griechische Aussprache
Guten Tag	**Hä**′ritä
Hallo	**Ja**ß′ßaß (Mehrzahl); **Ja**′ßo (Einz.)
Bitte — wo ist	ßaß parakalo′ — pu **i**′nä
die Straße nach...?	o **thro**′moß ßto...?
der Fußweg nach...?	i mono**pa**′ti ßto...?
die Bushaltestelle?	i **ßta**′ßiß?
Vielen Dank.	Äfchaß**to**′ poli′.

Nachgestellte Fragen, die mit »ja« oder »nein« beantwortet werden

Deutsch	ungefähre griechische Aussprache
Ist es hier/Ist es dort?	**i**′nä **ätho**′?/**i**′nä **äki**′?
Ist es geradeaus?/Ist es dahinter?	**i**′nä ka**tä**fzia′?/**i**′nä **pi**′so?
Ist es rechts?/Ist es links?	**i**′nä thex**ja**′?/**i**′nä ariß**tära**′?
Ist es oberhalb?/Ist es unterhalb?	**i**′nä ä**pano**′?/**i**′nä **ka**′to?

- **Bitte an den Taxifahrer, irgendwo hingebracht und dort wieder abgeholt zu werden bzw. Vereinbarung eines Treffpunkts, um dort abgeholt zu werden.**

Deutsch	ungefähre griechische Aussprache
Bitte —	ßaß pa**ra**kalo
Können Sie uns nach ... fahren?	tha **pa**′rä maß ßto...?
Holen Sie uns	**Ä**′lätä na maß pa**rä**′tä
von ... (Ort) um ... (Zeit) ab	**apo**′ ... ßtiß ...

(Man braucht die Uhrzeit nicht auswendig zu lernen, sondern zeigt einfach auf der Armbanduhr, wann man abgeholt werden möchte.)

Da man auf einigen Wanderungen wahrscheinlich ein Taxi braucht, kann man auch den Reiseleiter oder die Hotelrezeption darum bitten, einen Fahrer mit Deutsch- oder Englischkenntnissen zu bestellen. Empfehlenswert ist auch die Benutzung eines kleinen preiswerten Sprachführers. Er enthält leicht verständliche Hinweise zur Aussprache und eine gute Auswahl hilfreicher Sätze. Es ist unwahrscheinlich, daß die Einheimischen, die man unterwegs trifft, etwas mit einer Karte anfangen können. Zweifellos werden sie »Pu **pa**-tei?« fragen und zugleich in einer Geste mit der Hand einen Bogen beschreiben. Dies bedeutet: »Wohin gehen Sie?«, und eine gute Antwort ist: »Sta vu-**na**«, was »in die Berge« bedeutet. (Jonnie und Elizabeth könnten jetzt hierzu eine lange Liste von Kommentaren anführen, über die man lächeln und mit dem »Landschaften«-Führer in der Hand weiterziehen würde.)

*Im Text erscheinen die Ortsnamen ohne Akzente, damit man flüssig weiterlesen kann; im Ortsregister und auf den Karten werden die Akzente jedoch verwendet.

Vorbereitung der Wanderungen

Die 31 Hauptwanderungen dieses Buches verlaufen in den Gebieten Westkretas, die von Hania (oder Rethimnon) aus mit öffentlichen Verkehrsmitteln am leichtesten erreichbar sind. Auch wenn man sein Ferienquartier anderswo im Westen der Insel hat, dürften die meisten Wanderungen erreichbar sein. (Die Anfahrt ist jeweils von Hania aus angegeben, aber auf den Seiten 133-134 finden sich ausführliche Busfahrpläne einschließlich Rethimnon, Kastelli usw.)

Das Buch ist so aufgebaut, daß man die Wanderungen leicht planen kann. Wie lange man wandern möchte, wie gut man in Kondition ist und über welche Ausrüstung man verfügt, sind entscheidende Planungskriterien — aber auch, wann man morgens aufstehen möchte. Zunächst kann man sich die ausfaltbare Inselkarte (zwischen Seite 16 und 17) ansehen. Auf einen Blick sieht man hier das gesamte Gebiet, das Straßennetz und die Wandergebiete (weiß umrahmt). Beim raschen Durchblättern des Buches findet man mindestens ein Foto zu jeder Wanderung.

Nachdem man anhand der Karte und der Fotos eine gewisse Vorauswahl getroffen hat, sollte man sich die organisatorischen Hinweise zu Beginn der entsprechenden Wanderungen ansehen: Gehzeit und Streckenlänge, Schwierigkeitsgrad, Ausrüstung und Anfahrt. Sollte eine Tour zu hohe Anforderungen stellen, so gibt es vielleicht eine Kurzwanderung oder Variante. Nach Möglichkeit wurden Wanderungen berücksichtigt, die keine allzu hohen Anforderungen an die Behendigkeit stellen.

Am Anfang der detaillierten Wegbeschreibung kommt zunächst eine allgemeine Einleitung, die der Einstimmung auf die Landschaft dient. Für bestimmte Punkte der Wanderung ist die jeweilige Gesamtgehzeit angegeben. Zeitangaben sind stets heikel, da sie von vielen Faktoren abhängen. Wenn man aber erst einmal eine Wanderung gemacht hat, kann man das eigene Gehtempo mit unserem sehr gleichmäßigen Schritt vergleichen. Die angegebenen Zeiten sind *reine Gehzeiten*, schließen also keine Pausen ein, für die man zusätzliche Zeit veranschlagen muß.

Die großmaßstäblichen Karten (siehe Seite 38: »Wanderführer, Wegzeichen, Karten«) wurden um folgende Symbole ergänzt, um bedeutende Orientierungspunkte darzustellen:

1 RUNDWANDERUNG ÜBER AGIA

Siehe auch Foto Seite 2   **Entfernung/Gehzeit:** 11 km; 3Std05Min
Schwierigkeitsgrad: Einfache Wanderung auf Wegen und Straßen; insgesamt etwa 200 Höhenmeter Aufstieg.
Ausrüstung: Turnschuhe, Sonnenhut, Proviant, Getränke
An- und Rückfahrt: Jeder 🚐, der in Kalo Stalos hält (derzeit Fahrplan 5, 6, 7, 8, 9; nach Fertigstellung der Nationalstraße wird wahrscheinlich nurmehr Fahrplan 9 in Frage kommen); Fahrzeit 10 Min.
Kürzere Wanderung: Kato Stalos — Agia (6 km; 2Std10Min). Schwierigkeitsgrad, Ausrüstung, Anfahrt wie oben. Man folgt der Hauptwanderung bis Agia und fährt mit dem 🚐 zur Omalos-Ebene (Fahrplan 3), nach Sougia (Fahrplan 6) oder dem blauen Stadt-🚐 zurück.
Kurzwanderung: Agia — See — Agia (1,7 km; 35 Min.). Leichte, ebenerdige Wanderung; Ausrüstung wie bei der Hauptwanderung. An-/Rückfahrt nach Agia: 🚐 zur Omalos-Ebene (Fahrplan 3), nach Sougia (Fahrplan 6) oder mit dem blauen Stadt-🚐. Von der Hauptstraße nimmt man die Abzweigung »Kirtomados 2 km«. Bald hält sich an einer Verzweigung rechts. Man kommt an einer Kirche (links) vorbei, überquert eine Brücke mit Eisengeländer und wendet sich dann rechts zum See.
Variante: Agia — Kato Stalos (6 km; 2 Std.). Leichte, überwiegend ebenerdige Wanderung. Anfahrt wie bei der Kurzwanderung; Ausrüstung wie bei der Hauptwanderung. Man folgt der Kurzwanderung am See vorbei. Am Schrein Agios Nektarios biegt man entweder nach links oder nach rechts (der rechte Weg ist flacher).

Der See bei Agia eignet sich besonders gut zur Beobachtung von Vögeln. Diese wunderschöne, friedvolle Oase wird von zwei Kirchen überragt, die den Heiligen Constandinos und Eleni geweiht sind — daher der Name Agia (»heilig«).

   Zunächst nehmen wir die Straße gegenüber der Tankstelle, die nach Stalos ausgeschildert ist. An der Straßenverzweigung halten wir uns rechts. Dann (**15Min**) sehen wir auf der gegenüberliegenden Talseite ein schönes altes Haus. Es wurde im 18. Jahrhundert erbaut und ist ein klassisches Beispiel des türkischen Baustils jener Zeit. Rechts vom Haus, jenseits des Gartens und unter einigen großen Bäumen, erkennt man ein halbrundes Loch in der Wand. Durch dieses Loch floß in all jenen vergangen Jahren das Wasser von den Bergen in ein Steinbecken. Es diente den Hausbewohnern als Waschwasser; anschließend wurde es in das Tal geleitet, um die Obstbäume zu bewässern.

   Hinter dem Friedhof gehen wir an zwei Tavernen (links) vorbei nach Stalos hinein, dessen Dorfkirche auf Seite 2 abgebildet ist. In der Mitte der alten Ortschaft laufen wir gegenüber einem Kafeneion an einer Rechtsabzweigung vorbei geradeaus weiter. Wir lassen Stalos hinter uns; die Asphaltstraße setzt sich als holpriger Weg fort und wir wandern durch Olivenhaine weiter. Wir bleiben auf dem Hauptweg und lassen alle seitlichen Abzweigungen unbeachtet. Der Weg entfernt sich gemächlich ansteigend von der Küste, verflacht sich und führt dann bergab.

   Wir überqueren eine Betonbrücke und kommen dann an dem Kirchlein Profitis Ilias vorbei, das sich links oben erhebt (**1Std**). Hier an der Verzweigung bleiben wir auf der Hauptroute, die nach rechts bergab schwenkt. Vor uns haben wir einen

Wanderung 1: Rundwanderung über Agia 45

schönen Blick auf die Landschaft. Bald sehen wir unterhalb von uns eine Kirche mit Friedhof. Wir schlängeln uns daran vorbei bergab und wenden uns nach links.

Dann (**1Std30Min**) erblicken wir links unten in gewisser Entfernung unser Ziel. Zunächst kommt die Kirche von Agia in Sicht, dann der See. Hinter der nächsten Biegung taucht das Dorf Kirtomados auf. Wir gehen auf das erste Haus in Kirtomados zu (es steht rechts) und folgen nun einem betonierten Weg nach links durch das Dorf hinab. In der Ortsmitte wenden wir uns an einer Art Verzweigung (links steht ein großer Maulbeerbaum) nach rechts und biegen dann vor einem großen alten Haus mit hözernem Torbogen nach links. Fünf Minuten später biegen wir links auf eine Straße ein. An der nächsten Verzweigung, wo ein dem heiligen Nektarios geweihter Schrein steht, folgen wir der Rechtsbiegung der Straße (auf dem holprigen Weg, der geradeaus weiterführt, werden wir später zurückkehren).

Unmittelbar vor einer Brücke (**1Std45Min**) nehmen wir den linken Weg. Nach zwei Minuten sind wir am Seeufer. Es gibt

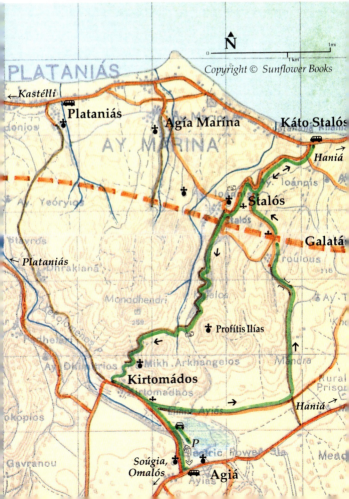

Das grasbewachsene Seeufer bei Agia (Picknick 1), ein schönes Fleckchen für die Beobachtung von Vögeln.

eine alte Schutzhütte, von der aus man Vögel beobachten kann. Rechts findet man eine Stelle, an der man sich durch das Schilf durchschieben kann. Auf den Felsen sonnen sich Schildkröten.

Falls man die kürzere Wanderung unternimmt, kehrt man nun zur Straße zurück und folgt ihr links nach Agia. Gegenüber dem Ende der Hauptstraße, die von Kirtomados kommt und in Richtung Hania führt, halten sowohl die blauen Stadtbusse als auch die Überlandbusse.

Die Hauptwanderung führt zum Schrein Agios Nektarios zurück. Hier biegen wir rechts auf den holprigen Weg, der sich bald asphaltiert fortsetzt. Nach 20 Minuten kommen wir an einem Nachtclub vorbei; eine Stromleitung führt hier über die Straße. Wir gehen an dem nächsten Weg vorbei, der links abzweigt, aber zwei Minuten hinter dem Nachtclub biegen wir links auf einen Querweg, der die Straße kreuzt. Sechs Minuten später gehen wir an einer Linksabzweigung vorbei. Kurz danach halten wir uns an der Wegverzweigung links. Nach einer Weile führt der Weg gemächlich bergab.

Wir bleiben auf dem Hauptweg und erblicken binnen 20 Minuten (45 Minuten hinter Agia) erst zwei und dann nochmals zwei Eukalyptusbäume auf der linken Seite. Hier zweigt rechts ein Weg ab, wir jedoch gehen daran vorbei geradeaus weiter bergab. Zwei Minuten später folgen wir einem Querweg nach links und überqueren eine kleine Betonbrücke. Wir folgen dem Weg gemächlich die Talflanke hinauf und biegen dann rechts auf eine Asphaltstraße ein (eine Stunde hinter Agia; **2Std50Min**). An der nächsten Verzweigung biegen wir nach links; in der Biegung steht ein Schrein. Nach zwei Minuten tauchen direkt links unterhalb von uns die Dächer des alten Hauses auf, das wir beim Anstieg gesehen haben. Eine Viertelstunde später sind wir wieder auf der Hauptstraße in Kato Stalos (**3Std05Min**), nachdem wir die neue Nationalstraße von Hania nach Kastelli über- bzw. unterquert haben (zur Drucklegung noch im Bau).

2 THERISO • ZOURVA • MESKLA • LAKKI

Siehe auch Foto S. 24-25   **Entfernung/Gehzeit:** 10,5 km; 3Std40Min
Schwierigkeitsgrad: Leicht; die Tour folgt hauptsächlich einem Weg. Insgesamt etwa 400 Höhenmeter Anstieg und 550 Höhenmeter Abstieg.
Ausrüstung: Turnschuhe, Sonnenhut, Proviant, Getränke
Anfahrt: 🚌 nach Theriso (nicht in den Fahrplänen aufgeführt; Abfahrt Hania um 7.30 Uhr in der Saison; vor Ort nachfragen); Fahrzeit 30 Min.
Rückfahrt: 🚌 von Meskla um 7.30 oder 14.30 Uhr bzw. von Lakki um 7.00 oder 14.30 Uhr (nicht in den Fahrplänen aufgeführt). In der Hochsaison fahren montags bis samstags weitere Busse über Lakki, die von der Omalos-Ebene kommen.
Kürzere Wanderung: Theriso — Zourva — Meskla (8 km; 2Std10Min). Schwierigkeitsgrad, Ausrüstung, Anfahrt wie bei der Hauptwanderung (aber man spart sich etwa 200 Höhenmeter Anstieg nach Lakki). Man folgt der Hauptwanderung bis nach Meskla und fährt mit dem 🚌 nach Hania zurück (nicht in den Fahrplänen aufgeführt; Abfahrt in der Saison um 14 Uhr; vor Ort nachfragen); Fahrzeit 30 Min. Alternativ kann man der Straße von Meskla nach Fournes folgen (4 km; 1 Std. auf gleichbleibender Höhe). Hier kann man einen der Stadtbusse von Hania nehmen (es gibt keine Fahrpläne, aber sie verkehren regelmäßig).
Variante: Drakonas — Theriso (7 km; 2 Std.). Schwierigkeitsgrad, Ausrüstung wie bei der Hauptwanderung, doch beträgt der Anstieg insgesamt nur 250 Höhenmeter. **Anfahrt:** 🚌 in Richtung Keramia bis Drakonas (nicht in den Fahrplänen aufgeführt; Abfahrt um 6 und 14 Uhr); Fahrzeit 1 Std. *(Man muß darauf achten, den Bus in Richtung Keramia zu nehmen, da es einen weiteren Ort namens Drakonas in der Nähe von Kastelli gibt.)* Rückfahrt: 🚖 Man ruft ein Taxi, wenn man in Theriso ankommt, oder man bittet Freunde bzw. vereinbart vorher mit einem Taxifahrer, am Kafeneion ΑΡΤΕΜΙΟΥ ΠΑΠΑΔΑΚΗ abgeholt zu werden. Beschreibung S. 49.
Hinweis: Es wäre schön gewesen, aus dieser Tour eine Rundwanderung zu machen, aber die Bauern, deren Vieh in diesem Gebiet weidet, haben die Route von Meskla nach Theriso hinauf abgesperrt, um Wanderer vom Begehen abzuhalten. Jonnie und Elizabeth wurden gebeten, deutlich zum Ausdruck zu bringen, daß Wanderer hier nicht willkommen sind.

Dieser gemütliche Spaziergang macht auf wunderschöne Weise mit der Gegend vertraut. Die Fahrt von Hania zum Ausgangspunkt der Wanderung führt durch eine Schlucht mit hohen Seitenwänden, die von Platanen und Kastanien gesäumt sind, zu der lieblichen Ortschaft Theriso hinauf. Im Frühling bedecken Wildblumen mit einer fast unvorstellbaren Vielfalt an Blüten die Hänge. In Zourva empfiehlt sich eine Pause; allein schon die Taverne lohnt den Weg.

Der Bus wendet nach zwei Kafeneions vor einer alten Kirche in Theriso. **Zunächst** nehmen wir den betonierten Weg, der von der Kirche nach rechts wegführt (wenn man auf die Kirche blickt). Der Weg ist nur ein kurzes Stück betoniert und führt ansteigend aus der Ortschaft heraus. Links liegt ein Bachbett. Nach einem gemächlichen Anstieg halten wir uns an einer Haarnadelkurve (**5Min**), die rechts nach Zourva ausgeschildert ist, links auf dem bergabführenden Hauptweg. Wir nähern uns einer Brücke (**10Min**), wo der Hauptweg links nach Drakonas schwenkt (hier mündet die Variante ein). Wir verlassen den Weg und gehen geradeaus auf dem Fußweg weiter. (Eventuell versperren hier

Weidezäune aus Maschendraht den Pfad; bitte hinter sich wieder schließen.) Der schmale Pfad (Picknick 2) führt leicht bergauf und weiter am Hang entlang; er entfernt sich ansteigend von dem mit Bäumen gesäumten Wasserlauf.

Unmittelbar nach einem weiteren Oleanderstrauch gabelt sich der Pfad (**35Min**). Wir folgen dem oberen Pfad, der bald vom Tal wegführt. Fünf Minuten später erblicken wir weiter oben Hangterrassen, die mit Maschendraht eingezäunt sind. Wir folgen dem Pfad rechts von den Terrassen und wandern den oberhalb verlaufenden Weg empor. Oben gehen wir geradeaus auf dem Hauptweg weiter und lassen alle Abzweigungen unbeachtet. Vor uns in der Ferne erblicken wir Lakki mit seiner auffälligen Kirche (Foto Seite 24-25). Alsbald kommt links Zourva in Sicht. Der Weg führt uns in diese Ortschaft (**1Std20Min**). Rechts oben steht eine schlichte, aber sehr einladende Taverne.

Wir kehren zur Straße zurück, gehen links an der Kirche vorbei und lassen nach wenigen Minuten Zourva hinter uns. Nach etwa einer Viertelstunde auf der Asphaltstraße biegen wir in der ersten *Haarnadel*kurve scharf rechts auf einen Weg, der bergabführt. Zwei Minuten später halten wir uns an der ersten Verzweigung links. Sehr bald gehen wir nach links bergab; dann wenden wir uns erneut nach links. Dort, wo sich der Weg dann verzweigt, folgen wir dem Hauptweg nach rechts (die Linksabzweigung führt ebenfalls nach Meskla, aber der rechte Weg verläuft am Flußbett entlang). An der nächsten Verzweigung wandern wir nach links bergab. Zehn Minuten später kommt links ein Schrein; an den nächsten beiden Verzweigungen wenden wir uns jeweils nach links bergab. 20 Minuten nach dem Schrein kommt Meskla in Sicht, und wir erkennen die Kuppel der großen Dorfkirche. Das Flußbett liegt nun links unten. Am nächsten Querweg, auf den wir nach fünf Minuten stoßen, biegen wir scharf nach links (rechts würde man zum gegenüberliegenden Ortsende gelangen). An der nächsten großen Biegung, wo der Weg das von

Platanen gesäumte Bachbett quert, steht ein Ziegenstall. Vom Bach steigt der Weg nach links an und stößt auf eine Asphaltstraße: Wir gehen nach rechts zur Kirche hinab (**2Std10Min**). In der Nähe gibt es eine Taverne und fließendes Wasser. *Um die kürzere Wanderung zu beenden*, überquert man die Hauptbrücke im Ort; die Bushaltestelle befindet sich vor einem Kafeneion. Man kann auch die Straße nach Fournes gehen (1Std).

Um nach Lakki zu wandern, biegen wir unmittelbar *vor* der Brücke links auf einen Weg (an dieser Stelle steht ein großer Telegrafenmast). Wir gehen an einem Hintergarten mit Hühnern und Holzstößen vorbei. Es geht nun bergauf, zunächst auf einer betonierten Fahrbahn, dann auf einem holprigen Weg. In der Wegbiegung, von der aus man links in gewisser Entfernung eine Kirche sehen kann, wandern wir nach rechts bergauf. An der nächsten Verzweigung halten wir uns rechts und folgen der Ausschilderung nach Lakki. Wir bleiben nun stets auf dem Hauptweg und wandern an allen Abzweigungen vorbei bergauf. Eine halbe Stunde hinter Meskla bietet sich ein schöner Blick zurück auf das Dorf und die Anhöhen dahinter. Eine Stunde hinter Meskla stoßen wir auf die Hauptstraße und folgen ihr links nach Lakki (**3Std40Min**). Der Bus fährt am Hauptplatz ab.

Variante (Drakonas — Theriso)

Der Bus hält vor der Kirche in Drakonas. Zunächst folgen wir links von der Kirche einem Weg, der auf den ersten 200 m asphaltiert ist. Sogleich verzweigt sich der Weg; wir halten uns rechts. An der nächsten Verzweigung folgen wir dem Hauptweg nach links. *Wir bleiben nun stets auf dem Hauptweg.* Nach 1 km biegt er bei einigen Häusern nach links. Etwa eine halbe Stunde hinter Drakonas halten wir uns an einer Verzweigung links. Rechts bietet sich ein herrliches Bergpanorama (50Min). Am Ende des Anstiegs (1Std) sehen wir rechts oben zwei Schreine; der Weg verzweigt sich hier. Wir wandern geradeaus weiter; links unten liegen Weinbergsterrassen. An der nächsten Verzweigung, wo ein kleiner Wegweiser (auf Griechisch) links nach Theriso und rechts nach Drakonas zeigt, gehen wir scharf links bergab auf die Weinberge zu. Eine Rechtsabzweigung bleibt unbeachtet (1Std15Min). Sobald beiderseits des Weges Kiefern stehen, gehen wir an einem schmalen Weg vorbei, der nach links hinabführt. Acht Minuten später wandern wir geradeaus weiter, wo ein Nebenweg scharf nach hinten abzweigt. Nun können wir vor uns Theriso erkennen (1Std30Min). Der Weg schwenkt vom Dorf weg und dann wieder in seine Richtung. Hinter einem Wasserlauf achten wir auf einen Maschendrahtzaun und einen Fußweg, der nach links im Unterholz ansteigt. (Man folgt diesem Pfad, sofern man nach Meskla oder Lakki weiterwandern möchte, und schließt sich der Hauptwanderung ab der 10Min-Stelle an.) Fünf Minuten später verzweigt sich der Weg, und wir gehen nach rechts bergab. Rechts unten kündet eine sehr alte Kirche den Ortsanfang von Theriso an; hier wendet der Bus. Es gibt zwei Kafeneions im Ort (beide rechts), wo man sich vom Taxi abholen lassen könnte. Das weiter entfernt hinter der Kirche gelegene Kafeneion heißt ΑΡΤΕΜΙΟΥ ΠΑΠΑΔΑΚΗ.

3 VON KATOHORI NACH STILOS (ODER NIO HORIO)

Siehe die Karte auf Seite 54-55
Entfernung/Gehzeit: 9 km; 3Std35Min nach Stilos (4Std nach Nio Horio)
Schwierigkeitsgrad: Mittelschwer bis schwierig. Der markierte Wanderweg führt durch eine Schlucht etwa 200 Höhenmeter bergab; teilweise muß geklettert werden.
Ausrüstung: Feste Schuhe oder Stiefel, Sonnenhut, Proviant, Getränke
Anfahrt: 🚌 in Richtung Kambi bis Katohori (nicht in den Fahrplänen aufgeführt; Abfahrt in Hania um 6 Uhr in der Saison; vor Ort nachfragen); Fahrzeit 35 Min.
Rückfahrt: 🚌 von Stilos (nicht in den Fahrplänen aufgeführt; Abfahrt um 16.45 Uhr in der Saison; vor Ort nachfragen); Fahrzeit 30 Min. Oder 🚌 von Nio Horio (nicht in den Fahrplänen aufgeführt; Abfahrt in der Saison werktags um 11.15, 13.10 und 17.30 Uhr, samstags/sonntags 11.15, 16.20 und 18.30 Uhr; vor Ort nachfragen); Fahrzeit 30 Min.

Diese Wanderung durch eine herrliche Schlucht ist wunderschön, wenn auch etwas strapaziös. Die Busfahrt von Hania lohnt den Aufbruch am frühen Morgen. Überwältigend erheben sich die Weißen Berge, während es in das Vorgebirge hinaufgeht. Die von Platanen gesäumte Schlucht ist eine beliebte Wanderroute; gegen Ende kommen schöne rosafarben Oleandersträucher. Die Wanderung ist teilweise anstrengend, da die Bodenbeschaffenheit in der Schlucht völlig unterschiedlich ist.

Der Bus hält unmittelbar vor einer Brücke, wo die Straße nach rechts biegt (auf Griechisch ausgeschildert nach Kambi). **Zunächst** überqueren wir die Straße und gehen geradeaus an einer Straße entlang, die nach »Xania (Hania) 21 km« beschildert ist. Rechts unterhalb von uns liegt das Flußbett, das durch die Schlucht nach Stilos führt. In der ersten großen 180-Grad-Kurve nach links, wo das Miniaturmodell einer Kirche aus Beton steht, verlassen wir die Straße und wandern geradeaus auf dem betonierten Weg weiter. An einer Verzweigung halten wir uns rechts und laufen an einem alten Kirchlein (rechts) vorbei. Vier Minuten später passieren wir eine große Kirche, die sich links erhebt. An einem hohen Telefonmast (links) und einem Kafeneion (rechts) vorbei gelangen wir auf einen kleinen Platz. Direkt vor dem Kafeneion schlagen wir den Weg ein, der *leicht* nach links führt (der um 90 Grad links abzweigende Weg bleibt unbeachtet). Unser Weg läuft auf einen sehr auffälligen Felsen zu, der sich vor uns in mittlerer Entfernung in den Himmel reckt.

Der Weg führt durch Orangenhaine und ist wahrscheinlich vernäßt, insbesondere im Frühjahr. Überall hier in der Umgebung gibt es reizende Picknickplätzchen (Picknick 3a). Wir biegen nach links (**15Min**). Eventuell markiert ein Steinmännchen den Anfang der Route, und bald sehen wir blaue Farbmarkierungen, die uns die Richtung weisen. Außerdem gibt unterwegs rote Punkte als Wegzeichen. Wir erreichen auf dem Weg das Flußbett und überqueren es. Unser Weg führt zum Ufer eines weiteren Wasserlaufs, den wir ebenfalls überqueren. Am gegenüberliegenden Ufer gehen wir geradeaus (also nicht rechts) auf dem

Wanderung 3: Von Katohori nach Stilos (oder Nio Horio) 51

Fußweg weiter. Er führt uns am Rande des Wasserlaufs entlang (Picknick 3b), und eventuell müssen wir einen Zaun überqueren. Dann öffnet sich die Landschaft (knapp **1Std**), ehe die hohen Seitenwände der Schlucht wieder enger zusammenrücken.

Dann (**2Std30Min**) sollten wir uns an einer schwierigen Stelle etwas Zeit lassen. Schließlich (**2Std50Min**) weitet sich die Landschaft, und wir nähern uns dem Ende der Schlucht. Die Wanderung verläuft jetzt in oder neben dem Flußbett. Dann (**3Std05Min**) führen uns die Wegzeichen jedoch nach rechts hinauf, weg von dem mit Oleander bestandenen Flußbett und auf einen Feldweg. Nach drei bis vier Minuten wandern wir an einer Rechtsabzweigung vorbei geradeaus weiter. Eine Minute danach gabelt sich der Weg; wir gehen geradeaus auf der rechten Seite des Flußbetts weiter. Fünf Minuten später führt der Weg ins Flußbett zurück und nach 50 m links zu einer Brücke an der Hauptstraße hinauf.

Auf der Hauptstraße gehen wir rechts über die Brücke, passieren einen dem heiligen Pantelimon geweihten Schrein und wandern nach Stilos hinein (**3Std35Min**). Hier gibt es zwei Bushaltestellen, nämlich gegenüber dem großen schattigen Platz vor einem Kafeneion sowie etwas weiter gegenüber der Parteizentrale der Neo Demokratia (mit einem blau-weißen Schild markiert). Statt auf den Bus zu warten, der am späten Nachmittag kommt, kann man 25 Minuten nach Nio Horio weiterwandern. Hier hat man häufigere Busverbindungen oder kann ein Taxi nehmen. Der Bus hält gegenüber dem Kiosk, den man am Ortseingang sieht.

An heißen Tagen findet man unter dem Blätterdach in den Tiefen dieser schönen Schlucht unweit Katohori willkommenen Schatten (Picknick 3b).

4 KAMBI • VOLIKA-HÜTTE • KAMBI

Entfernung/Gehzeit: 14 km; 4Std55Min
Schwierigkeitsgrad: Sehr anstrengend. Auf-/Abstiege über etwa 700 Höhenmeter.
Ausrüstung: Wanderstiefel, lange Hosen, lange Strümpfe, Anorak, Sonnenhut, Kompaß, Proviant, Getränke
An- und Rückfahrt: 🚌 oder 🚐 nach Kambi und zurück (nicht in den Fahrplänen aufgeführt; Abfahrt in Hania um 6 Uhr und in Kambi um 14.45 Uhr in der Saison; vor Ort nachfragen); Fahrzeit 40 Min.

Falls man seinen Aufenthalt auf Kreta mit einigen auswärtigen Übernachtungen geplant hat, könnte man in Kambi übernachten, ehe man diese Wanderung unternimmt. In dieser ruhigen und einladenden Ortschaft läßt es sich gut entspannen. Es gibt einen Bus, der bei Tagesanbruch nach Kambi hinauffährt, aber da diese Wanderung sehr anstrengend ist, zieht man es vielleicht vor, am frühen Morgen bereits vor Ort zu sein. Dies ist dann besonders empfehlenswert, wenn man die Wanderung zur kleinen Expedition ausweiten möchte.* Auf dieser Wanderung ist man auf einen Kompaß angewiesen. Man sollte sich einen klaren Tag aussuchen, wenn die Berge gut erkennbar sind und die Sicht auf jeden Fall gut ist.

Der Bus hält auf dem Dorfplatz an der Kirche. **Zunächst** gehen wir rechts auf einer Asphaltstraße an der Kirche vorbei. (Der Bus fährt auf der Weiterfahrt nach Madaro in dieselbe Richtung.) Direkt vor uns liegt ein Kafeneion namens »ΗΠΡΟΟΔΟΣ«. Wir begeben uns auf seine rechte Seite, wo sich die Alten des Dorfes treffen; wir können uns hier gut ausruhen, wenn wir nach der Rückkehr auf den Bus nach Hania warten. An der Ecke des Kafeneions, das wir passieren, bestimmten wir mit dem Kompaß die Richtung. Dazu blicken wir auf die Berge, auf die wir zugehen (sie liegen genau im Süden), und achten besonders auf die baumbestandenen Hänge der Schlucht (Foto rechts oben). Dann wandern wir auf der Straße weiter; einige Minuten später gehen wir an einem links abzweigenden Weg vorbei. Hinter einem Schrein (rechts) kommen wir in eine sehr schöne, üppig bewachsene Gegend — ein herrliches Picknickplätzchen (Picknick 4). Unzählige Wildblumen säumen unseren Weg, der zwischen Feigenbäumen, Walnußbäumen, Rebstöcken und Olivenbäumen verläuft. Rechts kommen ein Kafeneion, vor dem Topfpflanzen und Blumentöpfe aufgereiht sind, und ein Schrein. Unmittelbar danach biegen wir an einer Verzweigung nach rechts in Richtung ΠΛΑΤΥΒΟΛΑ (nach links ist ΜΑΔΑΡΟ beschildert). Kurz danach setzt sich die Route als Feldweg fort.

Bald nach dieser Rechtsabzweigung blicken wir erneut zu den

---

*In Kambi kann man Führer mieten, die einem das Gebiet *jenseits* der Volika-Hütte zeigen — an dieser Stelle machen wir auf unserer Wanderung kehrt. In diesem Fall würde man in der Hütte übernachten, die ansonsten verschlossen ist, und eigene Verpflegung mitnehmen. Organisieren kann man diese Tour über das EOS-Büro unter Olympic Airways in Hania (Tel. 0821-47647) oder in dem Kafeneion in Kambi, das Georgios Nikolioudakis betreibt.

Unser Ziel, die Volika-Hütte, liegt direkt oberhalb der Baumgrenze im Mittelpunkt dieses Fotos.

Bergen hinauf und achten auf den dunklen, V-förmigen Einschnitt der baumbestandenen Schlucht, die fast genau in der Mitte vor uns liegt. An der Kreuzung biegen wir nach links (**10Min**), dann direkt vor den Häusern nach rechts. Wir gehen an einem rechts abzweigenden Pfad vorbei und bleiben auf dem Weg. Nachdem sich der Weg vor einem landwirtschaftlichen Gebäude aus Beton verläuft (**25Min**), setzten sich zwei Fußwege fort; wir gehen nach links hangaufwärts. Auf dem ersten Abschnitt des Pfades dienen drei Pfeile als Wegzeichen, aber sie hören bald auf, und wir müssen auf einem von mehreren möglichen Pfaden den Hang emporsteigen. Wir halten uns in der Nähe des links verlaufenden Zauns, bis links in der Ferne eine Reihe niedriger unruhiger Anhöhen in Sicht kommt und sich der Pfad etwas vom Zaun entfernt. Es geht weiter bergauf; dabei behalten wir stets die Richtung unseres Ziels bei. Wir wandern rechts an einem Zaun entlang, der den Hang hinaufführt, durchqueren ein Weidegatter und gehen weiter bergauf. Dann orientieren wir uns: Vor uns in der Ferne liegt ein auffälliger kuppelförmiger Berg. Zwischen ihm und uns befindet sich eine Anhöhe, die an der linken Seite hoch und auf der rechten Seite niedrig ist. Unmittelbar rechts von uns ist am Hang ein Weg erkennbar, der direkt unterhalb der höchsten Stelle verläuft. Der Zaun befindet sich weiterhin 15-20 m links von uns. Rechts oben, nahe der höchsten Stelle des Hangs, den wir emporsteigen, ist ein weiterer Weg erkennbar. Wir steigen steil bergan, um auf diesen Weg zu gelangen (**45Min**). Hier wenden wir uns um und orientieren uns für den Rückweg. *Dies ist sehr wichtig!* Jenseits der Souda-Bucht ist in der Ferne der Akrotiri-(Flughafen-)Mast erkennbar. Am linken Ende dieser Halbinsel, wo die Berghänge ins Meer abzubrechen scheinen, liegt Stavros (Foto Seite 25). Weiter links ist direkt vor der Nordküste bei Platanias die Insel Theodorou erkennbar; dahinter liegt die Halbinsel Rodopou. *Nun prägen wir uns sehr genau die Lage von Kambi ein.* Nur so vermeidet man auf dem Rückweg zum Dorf einen Abstieg durch Disteln und Dornige Bibernelle. Nun folgen wir dem Weg bergauf.

Nach fortgesetztem Aufstieg an diesem ersten Hang (**50Min**) werden weitere Berge sichtbar. Wir halten erneut inne, um uns zu orientieren und sicher zu sein, daß wir unser Ziel und unsere

Route nicht aus den Augen verlieren. Die linke Gipfelseite des großen kuppelförmigen Berges vor uns ist mit Bäumen bestanden. Zwei Buckel weiter nach links kommt ein Berg, dessen Gipfel völlig mit Bäumen bedeckt ist — auf ihn steuern wir zu. Links dahinter liegen riesige kahle Berge.

Auf einer Anhöhe endet der Weg, und wir erreichen eine kleine verfallene Steinhütte. Nun müssen wir unsere Route zur Schützhütte ausfindig machen, die durch die V-förmige Schlucht führt, deren Hänge beiderseits mit Bäumen bestanden sind. (Noch ehe wir die Schlucht erreichen und der letzte Abschnitt des Aufstiegs zur Schutzhütte beginnt, müssen wir eine kleine Senke durchqueren.) Es gibt zwar Wegzeichen, aber sie weisen mehr in die allgemeine Richtung, statt eine bestimmte Route zu markieren. Da überdies verschiedene Markierungen angebracht wurden, behalten wir am besten einfach unser Ziel im Auge und halten die allgemeine Richtung bei.

Wir wandern nun auf die Schlucht zu. Vor uns in der Ferne stehen in unserer Blickrichtung zwei Bäume; einer ist 20 m entfernt, der andere etwa 50 m. Direkt neben dem zweiten Baum

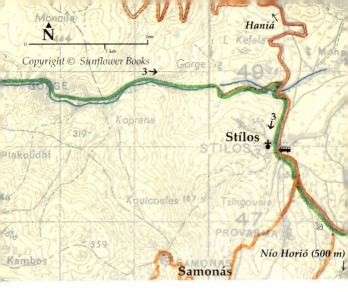

steht eine kleine Steinhütte, aber von unserer Stelle aus ist sie kaum erkennbar. Etwa 15 m links vom zweiten Baum fällt ein weiterer Baum (ein wilder Mandelbaum) auf. Wir gehen auf den ersten Baum zu und dann zwischen den beiden anderen hindurch. Diese Bäume bilden einen guten Orientierungspunkt, insbesondere auf dem Rückweg. Wir bleiben unter einem der Bäume kurz stehen (**1Std**) und blicken die Schlucht hinauf. Mit gutem Auge kann man jenseits der Baumgrenze die Schutzhütte erkennen. Jetzt müssen wir uns entscheiden, ob wir den ganzen steilen Weg bis dorthin gehen wollen.

Wir folgen den vereinzelten Richtungsmarkierungen auf die Schlucht zu und erreichen den Rand einer kleinen bewaldeten Senke (**1Std10Min**). Wir können den Pfad erkennen, der auf der gegenüberliegenden Seite wieder hinaufführt, dann weiter zur Schlucht verläuft und schließlich zur Volika-Hütte ansteigt. Unten in der Senke steht eine Steinbank, oberhalb der sich eine Marmortafel von 1982 mit der griechischen Aufschrift ΣΤΑΣΗ ΑΝΤΩΝΗ ΓΑΜΠΑ ΟΡΕΙΒΑΤΙΚΟΣ ΧΑΝΙΟΝ befindet (»Antonis Gambas Rastplatz — Bergsteigerverein Hania«). Sieben bis acht Minuten später, nachdem wir die Senke durchquert und Atem geschöpft haben, überqueren wir das dahinterliegende flache Gelände. (Auf beiden Seiten der Route gibt es knapp über Augenhöhe im Abstand von 15 m Wegzeichen.)

Nachdem wir scharfkantige, blaßgraue Felsen hinter uns gelassen haben (**1Std30Min**), blicken wir die Schlucht hinauf und sehen den abschließenden Aufstieg. Gute Wegzeichen führen uns jetzt die sehr steile rechte Seite der Schlucht hinauf. Im Schatten der Bäume kann man rasten. Nach etwa 20 Minuten Aufstieg führt uns der Pfad zur gegenüberliegenden linken Seite der Schlucht (**1Std50Min**). Zehn Minuten später kehrt er wieder auf die rechte Seite zurück. Etwa 35 Minuten, nachdem wir den Aufstieg in der Schlucht begonnen haben, erreichen wir ein

56 Landschaften auf Westkreta

flaches bewaldetes Gebiet (**2Std25Min**). Die Schlucht scheint hier zu enden, aber wir folgen den Wegzeichen bergauf. Die Schlucht wird zum Erosionseinschnitt; linker Hand ist geschichtetes Gestein zu sehen.

Knapp eine Stunde nach Beginn des Aufstiegs durch die Schlucht kommt die Volika-Hütte in Sicht. Fünf Minuten später führt der Pfad auf dem geschichteten Fels durch den Erosionseinschnitt. Auf diesem letzten Abschnitt gibt es nur sehr spärliche Wegzeichen; am einfachsten erreichen wir die Hütte von der linken Seite. Schließlich (**3Std10Min**) haben wir unser Ziel erreicht.

Für den Rückweg brauchen wir viel weniger Zeit, obwohl wir größtenteils vorsichtig gehen und genau auf die Richtung achten müssen. Bis zum unteren Ende der Schlucht brauchen wir etwa eine Stunde. Danach erreichen wir das obere Ende der kleinen bewaldeten Senke und wandern nun genau nach Norden (nicht nach Nordosten!). Wir müssen weit genug nach Norden gehen, ehe wir uns in Richtung Kambi wenden. Erst nachdem wir die Ortschaft und unseren Hinweg tatsächlich sehen, wandern wir zu ihr hinab und erreichen schließlich wieder Kambi (**4Std55Min**).

5 RUNDWANDERUNG UM GEORGIOUPOLI

Siehe die Fotos gegenüber sowie auf Seite 29 und 61
Entfernung/Gehzeit: 14 km; 4Std15Min
Schwierigkeitsgrad: Leichter Auf-/Abstieg über 350 Höhenmeter, aber man muß einige überwucherte Pfade bewältigen.
Ausrüstung: Feste Schuhe, Sonnenhut, Proviant, Getränke, Badesachen, lange Hosen/Strümpfe
An- und Rückfahrt: 🚌 bzw. einer der 🚐 nach Rethimnon oder Iraklion (Fahrplan 1, 2) nach Georgioupoli; Fahrzeit 45 Min.
Kürzere Wanderung: Rundwanderung von Argirimouri aus (8 km; 2Std45Min). Schwierigkeitsgrad und Ausrüstung wie bei der Hauptwanderung. Anfahrt mit dem 🚐: Man parkt nahe der Taverne von Georgia in Argirimouri und schließt sich an der 45Min-Stelle der Wanderung an.

Georgioupoli ist ein angenehmer Ort — nicht nur als Ausgangspunkt für Wanderungen, sondern auch zum Ausspannen. Die wunderschöne Landschaft auf dieser Tour kontrastiert mit der lebhaften Küste. Am Ende der Wanderung lohnt es sich, die Nationalstraße zu überqueren und den See bei Kournas zu besuchen, wo Wanderung 6 endet. Hier kann man im Süßwasser baden oder in eine der ruhigen Tavernen am Ufer einkehren.

Ausgangspunkt ist die Bushaltestelle an der Nationalstraße gegenüber der Abzweigung nach Georgioupoli. Wir überqueren die Straße und gehen zum Dorfplatz. Nun folgen wir der Straße quer über den Platz und über eine Brücke hinab, die sich über den Fischerhafen spannt (Foto Seite 61). Rechts bietet sich ein schöner Blick aufs Meer, links auf die Berge. Nach etwa **10Min** (vom Dorfplatz) laufen wir an einem rechts abzweigenden Weg vorbei. Einige Minuten später folgt ein weiterer Weg, dann ein dritter holpriger Weg nach rechts (zurückversetzt von der Straße stehen hier ein Maulbeerbaum und eine Kiefer); auch diese beiden Rechtsabzweigungen bleiben unbeachtet. Wir biegen jedoch auf den *nächsten* Weg nach rechts, der in einer Biegung der Hauptstraße abzweigt. An zwei hohen Koniferen vorbei geht es bergan, bis wir nach einigen Minuten wieder auf die Straße stoßen und ihr bergauf folgen. In der nächsten großen Straßenkurve steigen wir rechts einen steilen, schmalen Fußweg empor. Nach der Hälfte des Anstiegs biegen wir rechts auf einen guten, breiten und steinigen Fußweg. An der Stelle, wo er sich verzweigt, halten wir uns links und kommen nach zwei Minuten vor der Taverne von Georgia in Argirimouri heraus; sie liegt rechts von der Hauptstraße (**45Min**). Wir wenden uns nach rechts und gehen an der Vorderseite der Taverne vorbei. Direkt neben der Taverne nehmen wir einen links abzweigenden Weg. Hier beginnen Wegzeichen, auf die wir nun achten.

Nach einem betonierten Wegstück (**50Min**) sehen wir vor uns den Weg nach Likotinara angezeigt — ein Fußweg, der direkt hinter dem Tor zu einem Haus links abzweigt. Wir achten auf Steinmännchen und gelegentliche rote Wegzeichen, während der Pfad in nordnordöstlicher Richtung den Hang hinaufführt.

Links: Blick auf die Weißen Berge, etwa 1Std10Min oberhalb von Georgioupoli

58 Landschaften auf Westkreta

Auf halber Höhe beginnt auf der rechten Seite des Pfades eine Mauer. Während wir uns der Anhöhe nähern, führt der Pfad links an einem alten, ummauerten Brunnen vorbei.

Der Pfad steigt zu einem Weg an (**1Std25Min**), dem wir nach links folgen. Nach einigen Minuten kommen die Dächer von Likotinara in Sicht; rechts liegt das Meer. Etwa 10-15 Minuten später biegen wir rechts auf einen alten gepflasterten Pfad ab (mit einem Steinmännchen markiert) und wandern in Richtung Likotinara hinab. (Falls der Pfad im Frühjahr stark überwuchert ist, bleibt man auf dem Weg, der auch ins Dorf führt.) Nach acht Minuten auf dem gepflasterten Pfad erreichen wir das Dorf und gelangen hier auf eine Asphaltstraße. Wir biegen nach rechts und gehen zu der Aussichtsplattform auf die Küste und die Berge. Ein Denkmal ehrt hier die kommunistischen Widerstandskämpfer.

Wir gehen von der Aussichtsplattform zurück und erreichen eine Straßenverzweigung, an der wir uns links nach Litsarda wenden (auf Griechisch beschildert; rechts geht es nach Kefalas). Wir kommen am Ortsausgangsschild von Likotinara vorbei, passieren acht Minuten später (**2Std05Min**) das Ortsschild von Selia und gelangen in das Dorf. Nach drei Minuten folgen wir an einer Verzweigung der Straße um eine Rechtsbiegung. Nach etwa 200 m (gegenüber einem Spiel-/Basketballplatz) nehmen wir den Weg, der an einem Schrein an einer Hausecke links abzweigt. Sehr bald setzt sich der Weg als gepflasterter Pfad nach Süden fort. Binnen fünf Minuten erkennen wir, daß der Pfad oberhalb der Straße parallel zu ihr verläuft. Falls man hier

Wanderung 5: Rundwanderung um Georgioupoli 59

im Frühjahr wandert und das Unterholz zu stark zugewachsen ist, kann man hier auf die Straße ausweichen. Dann (**2Std20Min**) erblicken wir erneut das Meer bei Georgioupoli. Wir folgen der Wegmarkierung. 20 Minuten hinter Selia verbreitert sich der Pfad bei einer Steinmauer. Falls nötig, schiebt man Dornengesträuch aus dem Weg, und wandert dann auf dem Pfad weiter (vor uns befindet sich ein Steinmännchen). Dann gelangen wir auf die Straße und folgen ihr nach links bergab. In einer Rechtsbiegung, in Sichtweite der ersten Häuser von Kali Amigdali, können wir links einen Abkürzungspfad hinuntergehen. Nachdem wir an einer Verzweigung wieder auf die Straße stoßen (**3Std**), gehen wir geradeaus über sie hinweg und kommen 10 Minuten später nach Exopolis hinein.

Wir folgen der schmalen Straße nach links hinauf und wandern an einer Verzweigung geradeaus weiter. Rechts kommt eine Kirche. An der nächsten Verzweigung gehen wir nach rechts. Sogleich erblicken wir rechts unten Georgioupoli. Wir folgen der schmalen Straße zur Taverne von Georgia hinab *(die kürzere Wanderung endet hier)*. Auf demselben Weg gehen wir wieder zur Brücke und durch den Ort zurück, um 10 Minuten später die Bushaltestelle zu erreichen (**4Std15Min**).

6 ALIKAMPOS • KOURNAS-SEE • GEORGIOUPOLI

Siehe die Karte auf Seite 58-59; siehe auch das Foto auf Seite 29
Entfernung/Gehzeit: 13 km; 4Std30Min
Schwierigkeitsgrad: Mittelschwer bis anstrengend. Leichter Aufstieg über 200 Höhenmeter auf einem Weg, dann ein steiler Abstieg über 500 Höhenmeter auf einem Fußweg. Trittsicherheit und Behendigkeit sind erforderlich. In der Nähe des Sees sollte man sich am Schafstall vor Schäferhunden in Acht nehmen; *normalerweise sind sie jedoch angeleint.*
Ausrüstung: Feste Schuhe, Sonnenhut, Proviant, Getränke, Badesachen
Anfahrt: Mit dem 🚌 in Richtung Hora Sfakion bis zur Alikampos-Abzweigung (7 km südlich von Vrises); (Fahrplan 4); Fahrzeit 45 Min.
Rückfahrt: 🚌 von Georgioupoli (Fahrplan 1, 2); Fahrzeit 50 Min.

Sobald einem nach einer etwas anstrengenderen Wanderung zumute ist, dann sollte man diese Tour unternehmen. Sie verbindet eine einfache Wanderung durch anmutige Landschaft mit einem guten Stück Kletterpartie eine ausgetrocknete Schlucht hinab. Der Kournas-See ist der einzige Süßwassersee auf Kreta und bildet ein reizvolles Wanderziel.

Ausgangspunkt ist die beschilderte Straße nach Alikampos. Wir folgen der Straße, halten uns an einer Verzweigung links und erreichen einen kleinen Platz in Alikampos. Rechts steht ein Kriegerdenkmal, direkt dahinter ein Kafeneion. Vor dem Kafeneion biegen wir nach rechts, um das Dorf zu verlassen. Wir gehen an einem Schrein (rechts) und an einer rechts abzweigenden Nebenstraße vorbei. Dann laufen wir an einer links abzweigenden Straße und einem Schrein (links) vorbei. Wir befinden uns nun auf einem holprigen Weg und wandern an einer Linksabzweigung vorbei. Alikampos liegt weit unterhalb von uns (**40Min**), während wir auf einem blumengesäumten Weg auf die Berge zugehen.

Wir kommen an den Anhöhen Dafnokorfes (links; 692 m) und Halara (etwas weiter rechts; 1968 m) vorbei. Unmittelbar vor der höchsten Stelle des Passes stoßen wir auf einen Querweg (**1Std 35Min**), dem wir nach rechts folgen. Fünf Minuten später verläuft sich dieser Weg gleich hinter einer Hirtenbehausung. Links von den Stämmen zweier Olivenbäume nehmen wir den Fußweg, der nach Ostsüdost führt. Nach vier bis fünf Minuten erstreckt sich links unten in der Ferne die Nordküste. Der Pfad führt unterhalb eines Birnbaums bergab; an einer Verzweigung halten wir uns links und wandern auf die Küste zu. Nun ist Vorsicht geboten, denn der Pfad ist sehr steil, und vielleicht muß man sogar etwas klettern. Unten angekommen, laufen wir auf die rechte Seite der auffälligen Anhöhe vor uns zu. Dann gehen wir leicht nach links bergab und wenden uns bald direkt in Richtung Meer.

Der Pfad führt rechts an einem Viehpferch vorbei (**2Std20Min**). Wir gehen auf die Koppel zu, die rechts unten liegt, und überqueren sie. Auf der gegenüberliegenden Seite verlassen wir sie auf einem Fußweg, der bald erneut bergabführt. Er ist holprig, aber gut markiert und führt uns unter einen mächtigen Olivenbaum und um ihn herum. Hinter dem Baum kommt offenes flaches Gelände. Wir wandern am rechten Rand entlang.

Wanderung 6: Alikampos • Kournas-See • Georgioupoli 61

Dahinter führt der Pfad äußerst steil bergab und erfordert unsere volle Aufmerksamkeit. Hier beginnt die eigentliche Kletterpartie.

Plötzlich kommt der wunderschön türkisgrüne Kournas-See in Sicht. An einigen Stellen kann man gut Halt machen, um den großartigen Ausblick zu genießen. Die Route führt über die linke Seite der Schlucht. Wir gehen unter einem ausladenden Feigenbaum hindurch und nähern uns dann einem riesigen gebeugten Johannisbrotbaum. Von hier aus gehen wir zum ausgetrockneten Bachbett hinunter — *Vorsicht!* Ein etwas besser erkennbarer Fußweg (**3Std05Min**) entfernt sich von der Schlucht, aber dies ist nur einer von mehreren Pfaden, die durch das Gestrüch führen. Solange wir den See als unser Ziel im Auge behalten, können wir uns nicht verlaufen. Eine deutliche Route führt jedoch über zwei Schäferhütten und einen Schafstall zum See. An der Verzweigung direkt hinter dem Schafstall halten wir uns rechts. Wir erreichen den See (1Std20Min hinter der Hirtenbehausung, an der wir am Anfang des Pfades vorbeigekommen sind) und folgen dem Uferweg nach links (Picknick 6). Ein Bad in diesem klaren Wasser ist herrlich.

Am Ende des Sees (**3Std40Min**) beschreibt der Weg neben einem Gebäude auf der rechten Seite eine Biegung. Falls es hier einen Zaun gibt, begeben wir uns auf seine rechte Seite. Wir gehen den Weg in 10 Minuten zur Straße und folgen ihr nach links, bis ein Schild kommt, das rechts nach Rethimnon und links nach Hania weist. Hier biegen wir nach links und überqueren auf der Brücke die Schnellstraße. Wir befinden uns auf einer alten Straße. Wir können an der Schnellstraße auf einen Bus warten (**4Std30Min**) oder noch 2 km bis Georgioupoli gehen.

Fischerboote in Georgioupoli. Mit ihrem Fang werden die Tavernen beliefert. Am frühen Morgen kann man gut das Entladen beobachten.

7 DIE PRASSANOSSCHLUCHT

Entfernung/Gehzeit: 11 km; 3Std30Min-5Std
Schwierigkeitsgrad: Mittelschwer. An zwei Stellen ist Behendigkeit erforderlich. Abstieg insgesamt über 300 Höhenmeter. *Achtung*: Außerhalb des Sommers ist die Schlucht nach schweren Regenfällen **nicht passierbar**.
Ausrüstung: Feste Schuhe, Sonnenhut, Proviant, Getränke
Anfahrt: Mit einem beliebigen 🚐 in Richtung Rethimnon oder Iraklion (Fahrplan 1, 2) zum Busbahnhof in Rethimnon; Fahrzeit 1 Std. Weiterfahrt entweder mit dem 🚗 Taxi oder einem 🚐 in Richtung Amari (nicht im Fahrplan aufgeführt; Abfahrt 7 und 14 Uhr); Fahrzeit 30 Min. Als Ziel nennt man die Schlucht (»Prassanos«) oder Mirthios.
Rückfahrt: Stadt-🚐 von Missiria (alle 15 Min.); Fahrzeit 30 Min.

Diese eindrucksvolle und verheißungsvolle Schlucht stellt einen tiefen Einschnitt in die Küstenlandschaft bei Rethimnon dar. Gewaltige erdgeschichtliche Kräfte sind hier am Werk gewesen, wie die mächtigen Felsbrocken bezeugen, die man unterwegs zu Gesicht bekommt. Die offene Landschaft der Umgebung bietet einen schönen Anblick und ermöglicht eine gute Wegführung.

Mit dem Taxi oder Bus lassen wir uns an der Straßenverzweigung absetzen, wo ein Wegweiser rechts nach Mirthios weist. Von dieser Abzweigung gehen wir **zunächst** etwa 100 m in Richtung Amari entlang der Straße, ehe wir links auf einen betonierten Weg abbiegen. Sogleich erblicken wir den gewaltigen Eingang zur Schlucht; die Landschaft ist überwältigend und grandios. Unmittelbar bevor die Betondecke nach etwa 50 m endet, öffnen wir das Maschendrahttor und gehen hindurch. Der Weg ist nunmehr holprig und verzweigt sich. Hier gehen wir geradeaus auf dem Hauptweg weiter, der durch Farnkraut bergabführt. Dann (**12Min**) erblicken wir ein landwirtschaftliches Gebäude und gehen links daran vorbei. Wir passieren ein weiteres Gebäude

Wenn man sein Ferienquartier in Rethimnon hat, ist die sich verheißungsvoll öffnende Prassanosschlucht — eine der eindrucksvollsten Schluchten auf Kreta — besonders leicht erreichbar. Dieser Blick bietet sich von einer Anhöhe kurz hinter Prasies (Autotour 8).

Wanderung 7: Die Prassanosschlucht 63

aus Hohlblocksteinen (rechts) und wandern auf einem Weg weiter bergab, der unter einer Telefonleitung hindurchführt und sich zu einem Wasserlauf hinabschlängelt. An einer Wegverzweigung (**15Min**) ist es egal, wie wir uns entscheiden; der linke Weg ist allerdings landschaftlich reizvoller.

Nach einer Minute erreichen wir das Bachbett, überqueren es und kreuzen danach ein weiteres, größeres Bachbett, das von Platanen gesäumt ist. Wir folgen dem Weg nach rechts und gelangen in offeneres Gelände. Das baumbestandene Bachbett liegt jetzt rechts; vor uns in mittlerer Entfernung steht eine getrennte Baumgruppe direkt links von dem baumbestandenen Bachbett. Wir folgen dem etwas zugewachsenen, aber im Verlauf eindeutigen Weg zu dieser Baumgruppe.

Etwa 100 m hinter der Baumgruppe kommen ein E4-Zeichen und eine orangefarbene Markierung auf dem Weg. Etwas weiter zeigt uns ein E4-Zeichen die Stelle, wo wir eine Böschung zum Flußbett hinabklettern müssen; dabei kommen wir an Farnen, Platanen und weiteren E4-Zeichen vorbei. Am Fuße der steilen Böschung schwenken wir nach links zum Flußbett — dem Anfang der Schlucht. Etwa 20 m hinter einem weiteren E4-Zeichen erblicken wir in der Mitte des Flußbetts einen großen Betonzylinder mit Wegzeichen. Ab hier wandern wir geradeaus im Flußbett weiter; *es kommen keine weiteren E4-Zeichen.*

Links ragt eine gewaltige Seitenwand der Schlucht auf (**33Min**). Dann (**40Min**) biegt das Flußbett nach links (Nordwesten) und setzt sich zwischen abgeschliffenen weißen Felsbrocken fort. Ringsum ragen nun phantastische Felsformationen auf. Vor einer mächtigen Felswand biegt das Flußbett um 90 Grad nach links, und es kommen einige wirklich riesige Felsbrocken. Zwischen zwei von ihnen finden wir einen Durchlaß. Über uns kreisen hier eventuell Greifvögel. Bald (**48Min**) erscheint die Schlucht unpassierbar; vor uns geht es etwa 2,5 m steil hinab. Um diese Stelle zu umgehen, laufen wir ein Stück zurück, bis wir eine leichte Aufstiegsmöglichkeit auf der rechten Seite der Schlucht finden. Wir klettern etwa 20 m hinauf und halten nach einem Ziegenpfad Ausschau, der mit Steinmännchen markiert ist. Diesem Weg folgen wir etwa 100 m, bis er schließlich zum Flußbett hinabführt. Für diesen Umweg brauchen wir etwa 15 Minuten. Nun können wir die Erhabenheit der Schlucht voll und ganz genießen. Sofern es in jüngster Zeit keine Sturmschäden gegeben hat, kommen keine ähnlich unangenehmen Abschnitte mehr. Wir müssen allerdings noch über weitere Felsbrocken steigen, ehe es bequem weitergeht.

Die Schlucht verengt sich (**1Std20Min**); Schotter bedeckt das Bachbett. Wir erreichen den letzten schmalen Engpaß; die Schlucht ist hier nicht mehr als 3 m breit (**1Std50Min**). Eine Viertelstunde später haben wir den größten Teil der Schlucht geschafft, befinden uns aber weiterhin im Flußbett.

Auf der linken Seite des Flußbetts liegt ein Hain junger Olivenbäume hinter einem Maschendrahtzaun (**2Std30Min**). Gleich

64 Landschaften auf Westkreta

danach blockieren ein Draht- und Palisadenzaun das Flußbett. Vermutlich handelt es sich um einen Weidezaun, und wir können ihn leicht übersteigen. Sobald der Drahtzaun um den Olivenhain endet, steigen wir zu dem alten Olivenhain daneben auf (links vom Flußbett).

Parallel zum Flußbett wandern wir durch den Hain weiter, bis wir ein paar Bäume von der Böschung entfernt auf einen Weg stoßen. Wir folgen diesem Weg, der erst scharf nach links, dann

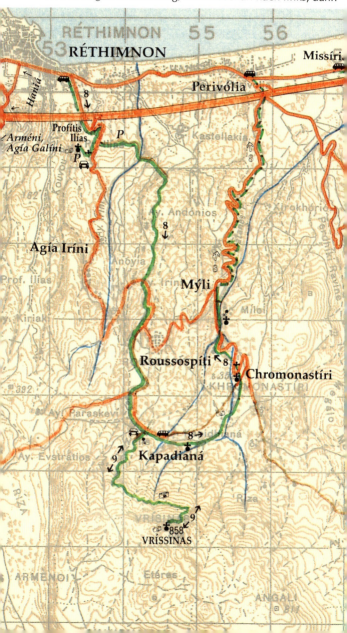

Wanderung 7: Die Prassanosschlucht

nach rechts biegt und sich durch den alten Olivenhain schlängelt. Schließlich kommt ein Schrottplatz mit Autowracks, die vor sich hin rosten. Wir folgen dem Weg weiter nach Norden auf das Meer zu und kommen rechts an einer Erdhütte vorbei, die zur Herstellung von Holzkohle diente (**3Std**). Das Flußbett, das rechts in der Nähe liegt, ist nicht mehr so schön anzusehen wie zuvor, aber bald können wir dahinter das Meer erblicken. Eine hübsche alte Brücke überspannt das Flußbett (**3Std05Min**).

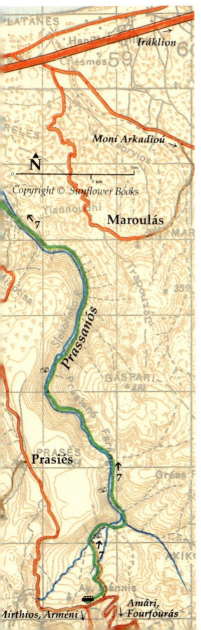

Wir biegen rechts auf eine Betonstraße ein, die sich bald asphaltiert fortsetzt. Links liegen einige Appartements, rechts sehen wir ein Zementwerk. (Nicht alle Ausblicke können schön sein!) Wir unterqueren die Nationalstraße und stoßen dann in der Ortschaft Missiria auf die alte Straße nach Rethimnon. Dieser Straße folgen wir 150 m nach links, bis rechts eine Bushaltestelle, eine öffentliche Telefonzelle, Cafés und Tavernen kommen. Die Bushaltestelle liegt hinter dem Ortsschild von Missiria (**3Std30Min**). Alternativ kann man an dieser Straße auch ein Taxi anhalten.

8 RETHIMNON • KAPADIANA • CHROMONASTIRI • MYLI • (PERIVOLIA)

Siehe die Karte auf Seite 64-65

Entfernung/Gehzeit: 11 km; 3Std50Min bis Myli (5Std15Min bis Perivolia)
Schwierigkeitsgrad: Mittelschwer. Aufstieg über knapp 350 Höhenmeter.
Ausrüstung: Feste Schuhe, Sonnenhut, lange Strümpfe, Proviant, Getränke
Anfahrt: Mit einem beliebigen 🚌 in Richtung Rethimnon oder Iraklion (Fahrplan 1, 2) zum Busbahnhof in Rethimnon und wieder zurück; Fahrzeit 1 Std. Weiterfahrt entweder mit dem 🚖 Taxi oder einem Stadt-🚌 zu dem Kiosk an der Ecke der Theotokopoulou-Straße am östlichen Ortsrand, wo die Wanderung beginnt.
Rückfahrt: 🚖 Taxi von Myli (bei Ankunft bestellen). Man kann auch zur Küstenstraße in Perivolia hinuntergehen und hier einen Stadt-🚌 nehmen (zusätzlich 1Std15Min Gehzeit).

Diese Wanderung führt von dem betriebsamen Hafenort Rethimnon in das Hinterland hinauf, wo wir zwei völlig abgelegene alte Dörfer finden. Dann wandern wir nach Myli weiter. Wasserfluten haben das Dorf verwüstet, so daß es bis auf ein paar Menschen, die noch ausharren, keine Einwohner mehr gibt.

Blick auf den alten verlassenen Ortsteil von Myli

Wanderung 8: Rethimnon • Kapadiana • Chromonastiri • Myli

Unser **Ausgangspunkt** liegt am Ortsrand von Rethimnon, wo die Theotokopoulou-Straße von der Hauptstraße abzweigt. Zurückversetzt von der Abzweigung steht hier ein Kiosk oberhalb der Straße. Das Straßenschild kann man erst erkennen, nachdem man am Kiosk vorbeigegangen ist. Wir gehen geradeaus den Hang hinauf und lassen alle seitlichen Abzweigungen unbeachtet. Auf einer Anhöhe erblicken wir das Kirchlein Profitis Ilias. In einer großen Straßenbiegung steht ein Haus (**15Min**). Direkt rechts vom Haus gehen wir einen kurzen holprigen Weg, um eine Straßenbiegung abzukürzen. Bei einem Schrein gelangen wir wieder auf die Straße und biegen rechts auf den Weg ab, der zum Kirchlein führt. Hier finden wir ein schönes Rastplätzchen (Picknick 8a) mit herrlichem Blick auf Rethimnon.

Anschließend gehen wir wieder zur Straße hinab, folgen ihr 80 m nach links und nehmen dann einen teils betonierten steinigen Weg, der rechts abzweigt und ansteigt. Bald endet die Betondecke, und der Weg setzt sich holprig fort. Links liegt ein aromatisch duftender Kiefernwald (Picknick 8b). An dem links abzweigenden Weg und weiteren Wegen, die in die Kiefern führen, gehen wir geradeaus vorbei. Bald verflacht sich der Weg. Mit jedem Schritt dringen wir tiefer in die Landschaft ein. Etwa 10 Minuten nach Verlassen der Straße gehen wir an einer Linksabzweigung vorbei und wandern durch Olivenhaine und Weinberge weiter. Eine Minute später steigt ein gut betonierter Weg nach rechts an, während unmittelbar danach ein holpriger Weg nach links führt; wir jedoch wandern geradeaus auf dem Hauptweg weiter. Kurz nach dieser »Kreuzung« sieht es so aus, als ob sich unser Weg verlaufen würde. Er führt jedoch nur steil bergab und verschmälert sich auf einigen Metern zum Fußweg, wo er einen Wasserlauf überquert und auf der anderen Seite ansteigt. Bald passieren wir einige Feigenbäume.

Wir stoßen auf einen betonierten Querweg (**50Min**), dem wir nach rechts folgen. Hier am Ortsrand von Agia Irini findet rege Bautätigkeit statt. Wir gehen durch das Dorf (**1Std10Min**) und treffen auf der gegenüberliegenden Seite auf eine Asphaltstraße, der wir nach links bergab folgen. In der Ferne erblicken wir den von einer Kirche gekrönten Berg Vrissinas. Dieses minoische Gipfelheiligtum ist das Ziel von Wanderung 9. Wir biegen rechts auf die Betonstraße ab, die auf Griechisch nach »Καπαδιανα 2 km« beschildert ist (**1Std20Min**). Diese Abzweigung kommt unmittelbar vor dem Dorf Roussospiti. Nach fünf Minuten verzweigt sich die Betonstraße hinter einer größeren Kurve. Wir halten uns links und wenden uns dann erneut nach links auf eine Asphaltstraße. Alle Abzweigungen zu verschiedenen Baustellen bleiben unbeachtet.

Während wir uns Kapadiana nähern, achten wir auf eine Rechtsabzweigung (**1Std55Min**); auf der Straße und auf einem Felsen gibt es hier Wegzeichen. (Man sieht sie erst, wenn man direkt dahinter zurückblickt.) Direkt neben der Straße liegt hier ein schattiges, kühles und offenes Gebiet mit einer Quelle.

(Wanderung 9, die auf den Vrissinas führt, beginnt hier.) Wir können im Schatten eine Rast machen, ehe wir nach Kapadiana hineingehen. An einer Straßenverzweigung halten wir uns rechts. Die Betonstraße wird zum markierten Pfad; bald verlaufen beiderseits Steinmauern. Wir gehen an einem Kirchlein (rechts; **2Std 10Min**) vorbei und gelangen sogleich auf einen Weg, dem wir knapp sechs Schritte nach rechts folgen, ehe wir links auf einen wunderschönen Pfad abbiegen. Er führt durch Olivenhaine; rechts verläuft eine bewaldete Schlucht. Der Pfad öffnet sich (**2Std20Min**), und wir erblicken Chromonastiri vor uns. Kurz danach führt der Pfad zu einem Weg hinunter, dem wir nach links um eine Biegung folgen. Nach etwa drei Minuten nehmen wir die erste Rechtsabzweigung. Dieser Feldweg führt uns über zwei kleine Betonbrücken. Nach einem links gelegenen Orangenhain wird der Weg zu einem größtenteils gepflasterten Pfad, der zum Dorf ansteigt.

Wir stoßen auf eine Straße (**2Std45Min**), überqueren sie und gehen auf einem betonierten Weg an Häusern vorbei. Nach zwei bis drei Minuten laufen wir nicht geradeaus weiter, sondern biegen nach links. Wir gelangen zu dem neueren, unbeschatteten Platz in Chromonastiri, wo es zwei Kafeneions gibt. (Mehr im Ortszentrum gibt es einen schattigen Dorfplatz.) Zwischen einer Kirche (links) und einem Obelisken (rechts) überqueren wir den Platz. Dahinter gehen wir die linke Straße hinab (**2Std55Min**). Sehr bald, unmittelbar hinter einem Schrein auf der rechten Seite, biegen wir rechts auf einen Weg ab. Im Frühjahr ist er von unzähligen Gänseblümchen gesäumt. Nachdem wir wieder auf die Straße stoßen, folgen wir ihr in einer Rechtskurve weiter bergab um das Ende einer tiefen, üppiggrünen Schlucht herum, die mit Kastanien und Feigenbäumen bestanden ist.

Nach zehn Minuten auf der Straße erblicken wir eine Kirche bzw. einen Schrein aus Stein (**3Std20Min**); rechts führen uns Stufen in die Schlucht hinab. Nachdem wir unten die alte Kirche erreicht haben, gehen wir rechts zum Wasserkanal hinab. Direkt hinter der Kirche entspringt eine frische Quelle, wo man seine Wasserflasche auffüllen kann. (Myli heißt diese Schlucht mit dem darin gelegenen, verlassenen Dorf; der Name leitet sich von den zahlreichen Wassermühlen dieser Gegend ab.) Wir folgen dem Pfad, der neben, in und über dem Wasserkanal verläuft. An einer Verzweigung gehen wir links über eine Betonbrücke und dann die linke Seite der Schlucht hinauf. Um das verfallene Dorf Myli zu besuchen, laufen wir fünf Minuten weiter. Anschließend kehren wir zu dieser Verzweigung zurück.

Nachdem wir die Brücke überquert haben, gehen wir den Pfad hinauf, der nach rechts aus der Schlucht herausführt. Oben angelangt, folgen wir der Straße nach rechts zum neueren Ortsteil von Myli empor (oberhalb der linken Straße; **3Std50Min**) und bestellen ein Taxi. Alternative: Man geht zu Fuß oder fährt per Anhalter zur Küste hinab, wo man in Perivolia einen Stadtbus nehmen kann.

9 DAS MINOISCHE GIPFELHEILIGTUM AUF DEM VRISSINAS

Karte Seite 64-65   **Entfernung/Gehzeit:** 6 km; 2Std45Min
Schwierigkeitsgrad: Ziemlich anstrengender Auf- und Abstieg über 500 Höhenmeter.
Ausrüstung: Feste Schuhe, Sonnenhut, Proviant, Getränke, lange Hosen oder Strümpfe
Anfahrt: 🚌 nach Rethimnon (siehe Wanderung 8, Seite 66); Weiterfahrt mit dem Taxi nach Kapadiana. Außerdem gibt es einen 🚐 von Rethimnon nach Kapadiana, der nicht in den Fahrplänen aufgeführt ist und um 6.50 Uhr abfährt; Fahrzeit 30 Min. Oder mit dem 🚗: Man parkt an dem Weg, wo die Wanderung beginnt.
Rückfahrt: 🚐 von Kapadiana um 14.30 Uhr; Weiterfahrt mit dem 🚌 von Rethimnon.

Nach Abschluß dieser Wanderung hat man das gute Gefühl, den Gipfelaufstieg bewältigt und wirklich etwas geleistet zu haben. Wir sehen den Vrissinas (858 m) von allen Seiten und genießen von oben einen phantastischen Ausblick. Zu Ostern und an anderen Festtagen pilgern die Einheimischen den Berg hinauf, den sie Agios Pnevma nennen. 1972 fanden auf dem Gipfel Ausgrabungen statt, die zahlreiche Votivgaben in den Felsklüften zutage brachten. Einige von ihnen sind heute im Archäologischen Museum in Rethimnon ausgestellt.

    Die Wanderung beginnt etwa 200 m vor der Bushaltestelle in Kapadiana, wo die Straße über einen Bach führt und die asphaltierte Fahrbahn in eine Betondecke übergeht. Hier zweigt ein Weg, an dem man parken kann, nach Süden von der Straße ab. (Falls man mit dem Bus anreist, geht man in Richtung Roussospiti wieder aus dem Dorf heraus, bis links dieser Weg kommt.) Wir folgen dem Weg zu einem Trinkbrunnen, der etwa 40 Schritte von der Straße entfernt in einem kleinen Steingebäude steht; an einer Platane befindet sich eine auf August 1995 datierte Marmortafel. Beide sind bei der Orientierung hilfreich, leider jedoch nicht von der Straße aus erkennbar.

    Hinter der Quelle ist der Anfang des gepflasterten Pfades

Strauchiges Brandkraut säumt den Aufstieg zum Vrissinas.

unübersehbar, der nach links ansteigt. Binnen 30 m halten wir uns links, wo die holprige Pflasterung endet und ein Pfad nach rechts abzuzweigen scheint. Nach einer halben Minute führt der Pfad zu einem Weg empor, den wir nach rechts hinaufgehen. Unmittelbar hinter der ersten großen Linksbiegung biegen wir rechts auf den Weg ab. Wir erreichen eine große Wasserzisterne aus Beton mit roten Rohren (**10Min**). Die beiden Pfade rechts von der Zisterne lassen wir unbeachtet; vielmehr nehmen wir den mit Steinmännchen markierten Pfad, der nach links führt. Etwa sechs Minuten lang folgt er einer Art Graben neben einem Drahtzaun. Wir kommen durch ein Drahttor. Zwei Minuten danach versperrt uns der Drahtzaun, an dem wir entlanggewandert sind, den Weg. Wir begeben uns auf die linke Zaunseite und gehen auf dem Pfad weiter, der mit Steinmännchen markiert ist. Sechs Minuten später stößt unser Pfad auf die Pflasterung eines Querpfads. Wir folgen ihm nach links am Rande eines Rückens entlang; links liegen eine flache Senke und alte Hangterrassen.

Dann (**30Min**) stoßen wir auf einen Weg. Der Pfad führt schräg über den Weg und setzt sich dahinter fort. Im Schatten von Eichen wandern wir die steile Nordseite des Berges hinauf. Im Frühling ist dieser Teil der Wanderroute (Foto Seite 69) dicht von dem herrlich leuchtendgelben Strauchigen Brandkraut gesäumt; überall blühen schöne malvenfarbige Zistrosen.

Der Pfad verzweigt sich (**40Min**). *Wir gehen links weiter* (selbst wenn uns unscheinbare blaue Wegzeichen nach rechts locken sollten) und folgen einem deutlich erkennbaren Pfad den Hang empor; gemächlich steigt er an der Nordflanke des Vrissinas an. Von hier aus bieten sich Ausblicke auf die Prassanosschlucht (Wanderung 7) und den Berg Kouloukonas. Etwa 20 Minuten hinter der letzten Verzweigung, nachdem wir den Gipfel rechts *liegengelassen* haben, schlängelt sich die Route in einem Erosionseinschnitt empor. Zwölf Minuten später kommt rechts die Kirche auf dem Gipfel in Sicht. Nach weiteren drei Minuten stoßen wir auf einen Pfad, dem wir nach rechts folgen.

Nach fünf Minuten kommt rechts ein Steingebäude (**1Std 15Min**), vor dem ein Wassertrog steht. Ab hier gibt geht es weglos auf den Gipfel; stellenweise müssen wir richtig klettern. Die Kirche bleibt jedoch als Ziel in Sichtweite. Vor einem Felsen müssen wir uns entscheiden, wie wir weitergehen. Am leichtesten ist es, links herumzugehen. 20 Minuten hinter dem Steingebäude erreichen wir die Kirche* (**1Std35Min**). Hier erwartet uns ein wunderschöner Blick auf die Nordküste und Rethimnon; im Westen erheben sich die Weißen Berge, im Osten liegt der Berg Ida.

Wir begeben uns wieder zu dem Steingebäude und wandern auf dem Hinweg zurück (**2Std45Min**). In Kapadiana treten wir die Rückfahrt an oder gehen nach Myli weiter (siehe Wanderung 8).

*Direkt vor der Kirche lassen wir schwarz-gelbe (E4) Wegzeichen mit Pfeilen unbeachtet; sie führen auf die Südseite des Vrissinas und dann zu weit nach Osten, um wieder den Abstieg nahe dem Steingebäude zu finden.

10 KLOSTER GOUVERNETO UND KLOSTER KATHOLIKOU

Siehe das Foto auf Seite 26   **Entfernung/Gehzeit:** 5 km; 1 Std 30 Min
Schwierigkeitsgrad: Mittelschwer bis anstrengend. Ein steiler Abstieg über 250 Höhenmeter zum Kloster Katholikou und ein Gegenanstieg zum Kloster Gouverneto.

Ausrüstung: Feste Schuhe, Sonnenhut, Proviant, Getränke, Badesachen, Taschenlampe, passende Kleidung für den Klosterbesuch (lange Hosen bzw. langer Rock). *Hinweis: Das Kloster Gouverneto ist von 14 bis 17 Uhr geschlossen, manchmal sogar schon ab 12 Uhr.*

An- und Rückfahrt: 🚌 Am besten fahrt man mit dem Auto (Autotour 4, Seite 25); einzige Alternative ist eine ziemlich lange Taxifahrt. Es gibt keine günstigen Busverbindungen. Man parkt am Kloster Gouverneto.

Die Halbinsel Akrotiri, die sich östlich von Hania ins Meer erstreckt, lädt förmlich zur Erkundung ein. Diese Wanderung folgt einem uralten Pfad. Er geht auf einen Einsiedler zurück, der im 11. Jahrhundert das Kloster Katholikou gründete, das älteste Kloster der Insel. Der Abstieg ist steil, aber man kann zum Meer weitergehen, um hier ein erfrischendes Bad zu nehmen, ehe man den Rückweg antritt.

Wir lassen das Auto auf der dem Meer zugewandten Seite des Klosters Gouverneto stehen und nehmen **zunächst** den Pfad (bei einer Anhöhe), der den Hang hinab auf das Meer zuführt. Am Anfang weist uns ein roter Pfeil auf einem Schrein zur Linken die Richtung. Bald genießen wir einen schönen Ausblick (**5 Min**; Picknick AT4). Es geht weiter bergab, teils über grobe Stufen. Bei einigen Ruinen verlassen wir den Pfad und gehen rechts zu einer Höhle (**10 Min**). An ihrem Eingang steht eine Kapelle, die Panagia Arkoudiotissa geweiht ist; in der Mitte der Höhle erhebt sich ein riesiger bärenförmiger Stalagmit.

Um die Wanderung fortzusetzen, steigen wir über eine niedrige Geröllmauer und gehen dann nach links bergab auf eine Bresche in den Klippen zu. Dieser Pfad mündet wieder in den ursprünglichen Pfad ein, den wir für den Höhlenbesuch verlassen haben. Wir folgen ihm nach rechts weiter bergab. Die obere Hälfte des Klosters Katholikou kommt in Sicht (**20 Min**). Wir steigen gut behauene Stufen hinab; auf halber Höhe kommt eine weitere Höhle. Am Fuße der Anhöhe taucht eine größere Höhle auf. In ihrem hintersten Winkel liegt das Grab des Einsiedlers.

Nun steigen wir zu der unterhalb gelegenen Brücke hinab, überqueren sie und klettern von ihrem linken oder rechten Ende über die Felsen in das trockene Bachbett hinunter; es führt zum Meer. (Vom linken Ende der Brücke kommt man leichter hinunter, während auf dem Rückweg der Aufstieg rechts einfacher ist.) Wir erblicken vor uns das Meer (**45 Min**). Am Ende des Abstiegs ist es nicht ganz einfach, das Ufer zu erreichen; am besten geht man nach links zur alten Bootsrampe.

Wir wandern auf demselben Weg zurück (**1 Std 30 Min**).

11 RODOPOS • KIRCHE AGIOS IOANNIS GIONIS • RODOPOS

Siehe auch Foto Seite 13   **Entfernung/Gehzeit:** 18 km; 5Std45Min
Schwierigkeitsgrad: Eindeutiger Wegverlauf, aber ziemlich anstrengend. Auf- und Abstiege über insgesamt 500 Höhenmeter. Der anfängliche Abstieg ist steil; abschließend kommt ein allmählicher, aber langer Aufstieg. *Unterwegs gibt es praktisch keinen Schatten.*
Ausrüstung: Feste Schuhe, Sonnenhut, zusätzliche Kleidung als Sonnenschutz, Proviant, reichlich Getränke
Anfahrt: 🚌 oder 🚐 nach Rodopos (nicht im Fahrplan aufgeführt; Abfahrt Hania 7.30 und 13.30 Uhr während der Saison; vor Ort nachfragen; Fahrzeit 50 Min. Oder 🚐 nach Kolimbari (Fahrplan 7, 8); Fahrzeit 30 Min., dann weiter mit dem 🚕 Taxi nach Rodopos (der Taxistand liegt gegenüber dem Hotel Rosmarie).
Rückfahrt: 🚕 Taxi von Rodopos nach Kolimbari (telefonisch vom Kafeneion am Dorfplatz bestellen) und weiter mit dem 🚐 nach Hania (Fahrplan 7, 8).

Wenn man sich eine Karte von Kreta ansieht, kann man die Halbinsel Rodopou gar nicht übersehen. Zusammen mit der Halbinsel Gramvousa ragt sie wie die Ohren eines Hasen ins Meer hinaus. Beide Halbinseln laden zur Erkundung ein. Diese Wanderung beginnt auf dem hübschen Dorfplatz in Rodopos und endet auch wieder hier. Die Einheimischen treffen sich hier, um sich die Zeit zu vertreiben und die Welt an sich vorbeiziehen zu lassen. Auf der Halbinsel umgibt uns ein Gefühl von Ruhe und Einsamkeit. Die Wanderung ist gut markiert, und nur wenige Bäume verstellen uns die Sicht. Wenige Bäume heißt aber auch wenig Schatten; diese Tour sollte man daher *nicht* im Hochsommer unternehmen. Falls man die Kirche Agios Ioannis Gionis besuchen möchte, muß man in Rodopos nach dem Schlüssel fragen.

Der Bus wendet auf dem Dorfplatz. **Zunächst** verlassen wir den Dorfplatz auf der rechten Seite und folgen der Straße, die an einer Büste vorbei nach Norden führt; diese Büste steht rechts in einer Ecke des Dorfplatzes. Die Straße führt uns links an einer großen Kirche vorbei. Wenn wir am Ende der Wanderung aus einer anderen Richtung wieder nach Rodopos kommen, wird uns diese Kirche als Orientierungspunkt dienen. Zwei bis drei Minuten hinter der Kirche nähern wir uns dem Ortsrand und kommen an einer viel kleineren, wunderschönen Kirche vorbei, die etwas versteckt auf der rechten Seite liegt. Wir wandern geradeaus weiter.

Nach fünf Minuten lassen wir Rodopos hinter uns. Zehn Minuten später (**15Min**) macht die Straße eine Kurve und setzt sich als Fahrweg fort, der sich ansteigend von der Ortschaft entfernt. Hinter der ersten scharfen Linkskehre steigt rechts ein Pfad an, auf dessen linker Seite eine Stein-

Etwa 25 Minuten hinter der Kirche Agios Ioannis Gionis blicken wir auf das Meer und die Kirche Agios Pavlos.

Wanderung 11: Rodopos • Agios Ioannis Gionis • Rodopos

mauer verläuft; er kürzt einige Wegbiegungen ab. Wir stoßen wieder auf den Weg und folgen ihm nach rechts. Dann (**45Min**) führt der Weg zwischen zwei Betonpfeilern hindurch (einer von ihnen ist möglicherweise zusammengebrochen). Dahinter gehen wir an dem rechts abzweigenden Nebenweg vorbei geradeaus weiter. Zehn Minuten später kommt rechts hinter uns das Meer in Sicht. Es entschwindet jedoch unserem Blick, nachdem der Weg nach links landeinwärts schwenkt.

Schließlich (**1Std**) biegt links ein Weg ab, wir jedoch wandern auf unserem Weg weiter. Fünf Minuten später taucht rechts wieder das Meer auf. Bald sehen wir links vor uns zwei Brunnen (eine Viehtränke; **1Std15Min**); ein Wegweiser (auf Griechisch) zeigt rechts zur Kirche Agios Ioannis Gionis. Diese Ausschilderung ist für Fahrzeuge gedacht. Neben den Brunnen biegen wir *links* auf einen Nebenweg. Eine Minute später gehen wir geradeaus über einen Querweg hinweg. Drei Minuten danach stoßen wir auf eine Verzweigung und laufen rechts weiter. Der Weg verzweigt sich nach einer Minute; wir wandern nach links bergauf.

Bald verläuft sich der Weg (**1Std25Min**) in einem offenen Gelände; links unten steht ein Gebäude. Wir wandern geradeaus in derselben Richtung weiter. Dann wenden wir uns nach rechts und finden ein Wegzeichen, das einen Pfad markiert, der auf eine niedrige Mauer zuführt. Auf ihr ist ein Metallschrein befestigt. Wir blicken über die Mauer und sehen den Weg, dem wir ursprünglich gefolgt sind. Er setzt sich bergab fort und führt weit unten zur verfallenen, aber herrlich gelegenen Kirche Agios Ioannis Gionis. Versteckt zwischen Bäumen und von offenem Weideland umgeben, ist die Kirche durch einen Bergrücken vom Meer geschützt. Links ist das Ende der Halbinsel Gramvousa (Foto Seite 18-19) sichtbar, die ins Meer hinausragt. Wir folgen dem Fußweg links von der niedrigen Mauer; allmählich geht es in Serpentinen bergab. Nach zwei Kehren erhebt sich das Miniaturmodell einer Kirche auf einem Fels.

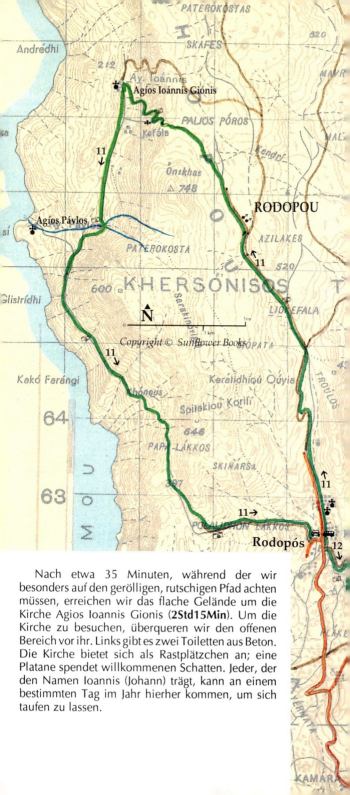

Nach etwa 35 Minuten, während der wir besonders auf den geröllingen, rutschigen Pfad achten müssen, erreichen wir das flache Gelände um die Kirche Agios Ioannis Gionis (**2Std15Min**). Um die Kirche zu besuchen, überqueren wir den offenen Bereich vor ihr. Links gibt es zwei Toiletten aus Beton. Die Kirche bietet sich als Rastplätzchen an; eine Platane spendet willkommenen Schatten. Jeder, der den Namen Ioannis (Johann) trägt, kann an einem bestimmten Tag im Jahr hierher kommen, um sich taufen zu lassen.

Wanderung 11: Rodopos • Agios Ioannis Gionis • Rodopos

Von hier kehren wir wieder zum Ende des Fußwegs zurück und gehen (von der Kirche abgewandt) rechts weiter. Nach zwei Minuten durchschreiten wir ein Zaungatter. Zehn Minuten später halten wir uns an einer Wegverzweigung rechts. Sehr bald kommt Kastelli in Sicht. Etwa 25 Minuten nach der Kirche (**2Std40Min**) blicken wir auf die Kirche Agios Pavlos unten am Meer hinab (Foto Seite 72-73). Zum Zeitpunkt der Drucklegung war ein Weg zu dieser Kirche hinunter im Bau, der unseren markierten Pfad schneidet. *Man muß damit rechnen, Zeit mit der Suche nach dem Wanderpfad zu verlieren, der mit roten Farbklecksen markiert ist.* Man muß sich parallel zur Küste halten.

Etwa 1Std20Min hinter der Kirche Agios Ioannis Gionis (**3Std35Min**) bieten einige Bäume nahe einer Schlucht willkommenen Schatten, den es sonst kaum gibt. Unten brandet das strahlendblaue Meer verlockend an die Felsküste. Eine Gruppe kleiner Johannisbrotbäume, die ebenfalls an einer Schlucht stehen, gewährt nochmals eine kurze Pause im Schatten. Zehn bis 15 Minuten danach schlängelt sich der Pfad bergauf (**3Std 45Min**). Vor uns am Hang erblicken wir zwei Fußwege, die unseren Pfad schneiden. Unser Rückweg nach Rodopos folgt dem höhergelegenen Fußweg. Uns steht zunächst ein halbstündiger Aufstieg bevor. Während wir am Hang aufsteigen, achten wir auf die gelegentlichen Wegzeichen.

Nach diesem strapaziösen Abschnitt verflacht sich das Gelände wieder, und wir kommen in ein Weidegebiet. Hier gehen wir jedoch nicht geradeaus auf die Bresche und den großen Felsbrocken zu, sondern wenden uns etwa 30 Grad nach links und halten nach Steinmännchen Ausschau, die den weiteren Wegverlauf markieren. Etwa 2Std 45Min hinter der Kirche Agios Ioannis Gionis (**5Std**) kommt links das Ende des Bergrückens. Hier stoßen wir auf einen Weg, dem wir nach rechts durch ein weiteres, kleineres Weidegebiet folgen. Danach biegen wir links auf einen Weg und umrunden einen Weinberg. Fünf Minuten später biegen wir an einer Verzweigung nach links. Sehr bald erblicken wir das Meer und die Nordküste. Fünf Minuten später kommt vor uns Rodopos mit seiner leicht erkennbaren Kirche in Sicht. Wir bleiben auf dem Weg; am Anfang der betonierten Fahrbahn gehen wir rechts weiter. Die erste Linksabzweigung führt uns zum Dorfplatz hinauf (**5Std45Min**).

12 RODOPOS • KOLIMBARI • KLOSTER GONIA

Siehe die Karte auf Seite 74-75   **Entfernung/Gehzeit:** 6 km; 2 Std.
Schwierigkeitsgrad: Leichter Abstieg über etwa 250 Höhenmeter, zumeist auf Wegen.
Ausrüstung: Feste Schuhe, Sonnenhut, Proviant, Getränke, passende Kleidung für den Klosterbesuch (lange Hosen bzw. langer Rock). *Hinweis:* Das Kloster Gonia ist von 12.30-16 Uhr (samstags 7-16 Uhr) geschlossen.
Anfahrt: 🚌 nach Rodopos (siehe Wanderung 11, Seite 72)
Rückfahrt: 🚌 von Kolimbari (Fahrplan 7, 8) oder mit einem der häufigen Busse, die von Kastelli nach Hania verkehren.

Dieser kurze, aber interessante Streifzug durch die kretische Landschaft führt durch Berg- und Küstendörfer; zugleich bietet sich die Gelegenheit, ein friedvolles Kloster am Meer zu besuchen. Von Rodopos, wo sich das Leben auf dem großen Dorfplatz abspielt, führt die Wanderung an Feldern vorbei durch die kleinere, aber wunderschöne Ortschaft Astratigos und dann durch ein Tal, bis wir bei Kolimbari das Meer erreichen. Von diesem ruhigen, etwas abseits gelegenen Dorf neben der Hauptstraße ist Hania leicht erreichbar.

Der Bus wendet in Rodopos; hier beginnt auch Wanderung 11. **Zunächst** gehen wir die Straße in die Richtung zurück, aus der wir ins Dorf gefahren sind. Am vorletzten Haus auf der linken Seite, bevor die Straße nach rechts biegt, nehmen wir die Linksabzweigung (anfänglich asphaltiert). Sobald wir auf dieser Straße sind, sehen wir links einen Wegweiser nach Astratigos (ΠΡΩΣ ΑΣΤΡΑΤΙΓΟ). Wir gehen an der nächsten Linksabzweigung vorbei geradeaus weiter. Binnen zwei Minuten folgen wir links dem Fußweg empor; er kürzt eine Wegbiegung ab. Oben gelangen wir an einem Schrein wieder auf den Weg, gehen nach rechts hinab und erblicken die Küste, die sich zu unseren Füßen erstreckt.

Bald taucht in einer Biegung die Kirche mit Kuppeldach von Astratigos vor uns auf. An dieser Stelle biegen wir rechts auf einen Weg. Dann folgen wir links einem Weg, der direkt zur Kirche führt. Wir lassen die Kirche links liegen und gehen rechts weiter, anfänglich auf einem Feldweg. Sogleich nehmen wir den Pfad

Der Hafen von Kolimbari. Das schöne Ufercafé Mylos ist in einer umgewandelten Mühle untergebracht; gegenüber befindet sich die Bäckerei/Konditorei. Von hier aus ist das Kloster Gonia im Hintergrund erkennbar.

Wanderung 12: Rodopos • Kolimbari • Kloster Gonia

neben einer Steinmauer. Er wird zum schmalen betonierten Weg, während er durch die Ortschaft Astratigos hinabführt. An einer Verzweigung neben der Ecke eines Betongebäudes (von dem ein Zaun vor uns nach links verläuft) gehen wir nach links an einigen Gemüsegärten vorbei. Wir laufen rechts an einer Kiefer vorbei weiter, bis wir auf die Straße stoßen, der wir nach rechts folgen. Am Ortsende nähern wir uns der Rückseite eines Straßenschildes. Hier biegen wir links auf einen Fußweg, auf dessen linker Seite eine Mauer verläuft. Bald säumen beiderseits Mauern den Fußweg. Nach einer halben Minute gehen wir an einem links abzweigenden Pfad vorbei und wandern geradeaus bergab auf das Meer zu.

Der Pfad führt auf der einen Seite einer kleinen Schlucht hinab und auf der gegenüberliegenden Seite wieder heraus. Am Anfang unseres Abstiegs (**30Min**) in diese Schlucht folgen wir einer Mauer nach links; die Mauer begleitet uns links. Drei Minuten später, direkt hinter einer Biegung, erblicken wir vor uns ein kleines Gatter. Wir durchschreiten es jedoch nicht, sondern lassen es vielmehr links liegen. Sechs Meter unterhalb davon verzweigt sich der Pfad; wir halten uns rechts. Der Pfad schwenkt nach rechts bergab, ehe er durch das Bachbett führt. Auf der gegenüberliegenden Seite steigen wir nach links an (rechts an einem Felsbrocken vorbei) und wandern auf einem überwucherten, ziemlich stacheligen Pfad bergauf. Der Aufstieg dauert etwa vier bis fünf Minuten.

Oben mündet der Pfad in eine Wegkehre um 180 Grad (**45Min**), und wir sehen erneut das Meer. Wir gehen den Weg nach rechts hinab. Nach zehn Minuten stoßen wir auf die Biegung eines anderen Weges, dem wir nach links folgen. Wir bleiben auf diesem Hauptweg, bis wir etwa zehn Minuten später eine Wegkreuzung erreichen; links steht ein großer Schrein. Wir gehen geradeaus auf einem betonierten Weg weiter, der bergabführt. Sechs Minuten später, zwischen einer ziemlich unansehnlichen Häusergruppe, wird der Weg direkt vor einer Verzweigung zur Straße. Wir befinden uns in Grimbiliana mit seinem schönen alten Ortskern.

Wir nehmen die erste Linksabzweigung. Die Straße biegt nach rechts und stößt auf eine Asphaltstraße, der wir nach links bergab in Richtung Meer folgen. Knapp auf Höhe des Meeresspiegels halten wir uns an der Straßenverzweigung zwischen den Häusern von Kolimbari rechts (**1Std25Min**) und gelangen in die Ortsmitte. Nach links erreicht man in zehn Minuten Kloster Gonia. Zunächst jedoch gehen wir an einem Gebäude mit Säulen, das rechts steht, zum Hafen hinab (Foto gegenüber).

Nachdem wir das Kloster besucht haben, gehen wir durch das Dorf zurück, halten uns am Postamt links und laufen bis zur Hauptkreuzung weiter. Gegenüber dem Hotel Rosmarie hält hier unser Bus (**2Std**). (Der Hotelbesitzer mit Decknamen Rosmarie war während des Zweiten Weltkriegs sehr aktiv. Zeitungsartikel, die im Hotel ausliegen, dokumentieren seinen mutigen Einsatz.)

13 VON SIRIKARI NACH POLIRINIA

Siehe die Karte auf Seite 82-83
Entfernung/Gehzeit: 8 km; 2Std40Min
Schwierigkeitsgrad: Mittelschwer. Anfangs ein steiler Abstieg über etwa 300 Höhenmeter, dann eine leichte Schluchtwanderung und ein gemächlicher Anstieg über 200 Höhenmeter.
Ausrüstung: Feste Schuhe, Sonnenhut, Proviant, Getränke
Anfahrt: 🚌 nach Kastelli (Fahrplan 8); Fahrzeit 45 Min. Umsteigen in den 🚌 nach Sirikari (nicht in den Fahrplänen aufgeführt; Abfahrt montags bis freitags 12,30 Uhr; am Busbahnhof Kastelli unter 0822-22035 nachfragen); Fahrzeit 1 Std.
Rückfahrt: 🚌 von Polirinia nach Kastelli (nur Mo/Mi/Fr; Fahrzeit 15 Min.) oder 🚕 Taxi; man kann es vorbestellen, ehe man Kastelli verläßt (0822-22225) oder an einem Taxistand vorsprechen. Weiterfahrt mit dem 🚌 von Kastelli (Fahrplan 8).

Die Schlucht, die nach Polirinia führt, ist breit, reizvoll und ausgesprochen friedvoll. Im Frühling leuchtet das Gelb des Strauchigen Brandkrauts, während im Sommer der Oleander weiß und rosa blüht. Außerdem besuchen wir auf dieser herrlichen Wanderung Kastelli, eine wunderschöne Ortschaft mit besonders freundlichen und zuvorkommenden Bewohnern. Wenn man morgens mit dem Bus von Hania anreist, hat man Zeit für einen Bummel durch Kastelli, ehe man nach Sirikari weiterfährt. Unterwegs genießt man großartige Ausblicke, während der Bus immer tiefer in die Landschaft eindringt.

Wir verlassen den Bus an der Endstation bei einer einsamen Kirche, wo er wendet. **Zunächst** gehen wir vom Tor der Kirche geradeaus. Ein Weidegatter kennzeichnet unsere Wanderroute. Sowohl das Weidegatter als auch der Pfad, der zu ihm hinführt, sind markiert. Dann (**5Min**) biegen wir links auf den Fußweg. Er führt steiler bergab und ist im Frühling möglicherweise etwas zugewachsen. Wir folgen den Wegzeichen durch einen Olivenhain; eventuell muß man stellenweise hinunterklettern. Zehn Minuten später gelangen wir auf einen Weg, von dem aus weiter unten auf der gegenüberliegenden Talseite ein unterschiedlich hohes Haus erkennbar ist. Es ist ein guter Orientierungspunkt, da unsere Route direkt daran vorbeiführen wird.

Wir überqueren den Weg und gehen dahinter auf dem markierten Pfad weiter. Sehr bald verzweigt sich der Pfad, und wir laufen rechts weiter. Einige Minuten später durchschreiten wir ein Weidegatter (ganz in der Nähe verläuft eine Stromleitung) und biegen sogleich nach links. Nach wenigen Minuten durchschreiten wir ein weiteres Weidegatter und steigen ungefähr ein Dutzend Steinstufen zu einem Weg hinab. Wir überqueren den Weg und das direkt dahinter gelegene Flußbett; dieses wird später zu der Schlucht, der diese Wanderung folgt. Wir gehen zu dem Haus hinauf, das wir bereits von der anderen Talseite gesehen haben, und biegen davor rechts auf einen Feldweg. Nach 50 m biegen wir hinter der verfallenen Steinmauer einer Hangterrasse links auf einen Pfad ab. Ab hier ist der Verlauf des Pfades vollkommen eindeutig; unterwegs kommen viele Wegzeichen. Alle

In dieser schönen hügeligen Umgebung findet Picknick 13 statt.

Weidegatter sollten wir im vorgefundenen Zustand belassen. Der Pfad führt wieder zum Flußbett hinab, das von schattigen Platanen gesäumt ist. Bald gehen wir an einem altersschwachen Brückchen vorbei, das wir rechts liegenlassen. Unterdessen haben wir den Anfang der Schlucht erreicht; die Luft ist leicht und frisch. Die Wanderroute überquert einen Seitenarm des Flußbetts und verläuft dann auf seiner linken Seite. Wir gehen auf einige Wassertröge zu (**1Std**). Direkt dahinter überqueren wir das Flußbett diagonal und steigen die gegenüberliegende Böschung empor.

Auf dem Pfad ansteigend befinden wir uns schließlich ziemlich weit oben auf der rechten Seite der Schlucht (**1Std 30Min**), und die Landschaft breitet sich um uns aus. Bald mündet von rechts ein anderes Tal in unseres ein. In der Ferne ist die Ortschaft Polirinia erkennbar; ihre Kirche steht auf der Anhöhe. Wir überqueren eine schöne alte gepflasterte Brücke (**1Std35Min**) und wandern parallel zum Flußbett weiter, das rechts hinter einer Einzäunung verläuft. Bald verbreitert sich der Pfad zum Weg und führt rechts an einem Wasserpumphäuschen aus Beton vorbei (**1Std50Min**).

Wir folgen dem Hauptweg und lassen alle scharfen Abzweigungen unbeachtet. An der Gabelung (knapp **2Std05Min**) gehen wir rechts weiter; es gibt hier tatsächlich ein Wegzeichen, aber man sieht es nicht gleich. Bald kommen wir an den ersten Häusern von Polirinia vorbei. Hier kann man schön in ländlicher Umgebung picknicken (Picknick 13; siehe das Foto oben). Fünf Minuten nach den Häusern gehen wir um eine Rechtsbiegung; rechts befindet sich ein Fels aus zahlreichen schieferartigen Schichten. Hier halten wir rechts nach einem steilen schmalen Pfad Ausschau, der nach rechts hinaufschwenkt, und folgen ihm. Bald setzt er sich gepflastert fort. Einige Minuten später gelangen wir auf einen befestigten Platz mit einem Wassertrog und einem gestutzten Baum in der Mitte. Von hier gehen wir links zwischen den Häusern empor. Wir laufen geradeaus weiter, vorbei an den Stufen auf der rechten Seite, und folgen den Telefonmasten. Oben biegen wir nach links und bleiben auf dem Weg. Wir erreichen das Kafeneion der Ortschaft (**2Std40Min**), wo der Bus wendet. Hier könnte man sich auch von Freunden oder mit dem Taxi abholen lassen.

14 KATSOMATADOS • MOURI • VOULGARO

Entfernung/Gehzeit: 13 km; 3Std20Min

Schwierigkeitsgrad: Leicht bis mittelschwer. Ein anfänglicher Aufstieg über etwa 250 Höhenmeter, gefolgt von einem Abstieg (teils muß geklettert werden) über 450 Höhenmeter.

Ausrüstung: Feste Schuhe, Sonnenhut, Proviant, Getränke

Anfahrt: 🚌 in Richtung Elafonisi bis Katsomatados (nicht in den Fahrplänen aufgeführt; Abfahrt *nur im Sommer* 8 Uhr; am KTEL-Büro in Hania nachfragen); Fahrzeit 1 Std. 10 Min. Oder 🚌 nach Kastelli (Fahrplan 8), Fahrzeit 45 Min.; dann umsteigen in den 🚌 nach Katsomatados (nicht in den Fahrplänen aufgeführt; Abfahrt 14 Uhr), Fahrzeit 20 Min. Oder mit dem 🚗: Auf dem Dorfplatz von Katsomatados parken.

Rückfahrt: 🚌 von Voulgaro nach Kastelli (nicht in den Fahrplänen aufgeführt; Abfahrt täglich 17.10 Uhr); Fahrzeit 10 Min.; weiter mit dem 🚌 nach Hania (Fahrplan 8). Man darf sich *nicht* auf den Bus von Elafonisi verlassen, da er voll besetzt sein kann und dann nicht hält. Falls man mit dem Auto nach Katsomatados gefahren ist, kehrt man mit einem 🚗 Taxi von Voulgaro zum Auto in Katsomatados zurück. (Im ersten Kafeneion, das in Voulgaro kommt, kann man sich nach einem Taxi erkundigen; es heißt »Η ΑΝΑΤΟΛΗ« und liegt auf der rechten Straßenseite.)

Diese Wanderung verläuft in einem schönen Teil Westkretas mit wunderschönen und abwechslungsreichen Landschaften. Wir wandern durch eine Schlucht und ein hübsches, mit Kastanien bestandenes Tal in eine weite offene Gegend, um schließlich in einer Schlucht abzusteigen, in der Schaf- und Ziegenherden weiden. Zeitweilig muß etwas geklettert werden, aber der größte Teil der Wanderung verläuft auf gut erkennbaren Wegen.

Wenn man mit dem Taxi von Kastelli kommt, wird der Fahrer unterwegs anhalten, damit man einen Blick in die Topolia-Schlucht hinab werfen kann, ehe man am Ortsrand von Katsomatados abgesetzt wird. Auch vom Bus aus kann man die Seitenwände der Schlucht recht gut erkennen. Falls man mit dem Bus anreist, bittet man den Fahrer, etwa 350 m hinter dem Ortsschild von Katsomatados abgesetzt zu werden. (Auf dem Ortsschild steht eindeutig »Koutsoumatados«, aber die Einheimischen behaupten, es handelt sich hierbei um neumodischen Unsinn; ihnen zuliebe wird im Buch die alte Schreibweise übernommen.) Hier — kurz nach einem Kafeneion mit einer gegenüberliegenden schattigen Terrasse — führt ein betonierter Weg in das Dorf hinab (Ausschilderung »Square/Taverna/ Parking«).

Die Wanderung beginnt, sobald wir die Hauptstraße verlassen und auf diesem Weg sind. Wir überqueren eine Brücke und laufen rechts an einer großen Taverne namens »Hiker« (Zimmervermietung) vorbei. Es geht geradeaus über einen Wasserkanal und auf einem holprigen Weg weiter. Wir wandern rechts an einer schönen Kirche vorbei und folgen weiter dem herrlichen, schattigen Weg. Links gedeihen Platanen, Kastanien, Oliven und Oleander am Wasserlauf, die für kühlen Schatten sorgen. Überall kann man hier schön picknicken (Picknick 14). Wir befinden uns in dem üppiggrünen Tal, das in der Mitte des gegenüberliegenden Fotos zu sehen ist. Wir wandern zunächst an einer Rechtsab-

Wanderung 14: Katsomatados • Mouri • Voulgaro

zweigung, dann einer Linksabzweigung vorbei (letztere führt über das Bachbett) und halten uns stets rechts vom Bachbett. Dann kommt ein Weidegatter (**15Min**), das wir im vorgefundenen Zustand belassen. Der Weg beginnt anzusteigen und ist fünf Minuten später auf etwa 40 m betoniert, während er scharf nach links ansteigt.

Wir kommen aus dem Schatten heraus, während sich der Weg erheblich verbreitert und durch eine offene Landschaft führt, die von sanften grünen Hügeln eingerahmt ist. Es geht rechts an einem steinernen Viehstall und dann an einem halben Dutzend hölzerner Futtertröge vorbei. Direkt danach gehen wir durch die Öffnung in einem Maschendrahtzaun. Nun folgt ein halbstündiger Anstieg, bis sich von der Anhöhe ein herrlicher Ausblick bietet (siehe das Foto unten). 20 Minuten hinter den Trögen kommt eine Verzweigung, an der ein Weg leicht rechts bergabführt, wir jedoch biegen scharf nach rechts bergauf. Fünf Minuten später gehen wir an einem Sattel an zwei Wegen vorbei, die links bzw. rechts abzweigen, und wandern geradeaus durch ein Weidegatter (**50Min**). Wir folgen dem Weg um eine Linksbiegung und gehen an den beiden Wegen vorbei, die scharf rechts abzweigen (der erste Weg führt nach Sasalos hinab; Wanderung 15). Nach einigen Minuten können wir rechts unten das Dorf erblicken.

Acht Minuten, nachdem wir Sasalos unten liegen sahen, biegt unser Weg nach links ab, während ein neuerer und breiterer Weg geradeaus weiterführt. Wir kommen an einem eingezäunten Weinberg (links) und einigen Olivenbäumen (rechts) vorbei. Fünf

Wir sind jetzt weit genug aufgestiegen, um nach Katsomatados zurückzublicken; das Dorf liegt unten im Tal. Auf Wanderung 15 genießt man denselben Ausblick während des Abstiegs nach Katsomatados und Topolia. Picknick 14 findet unten im Tal statt.

Minuten später stehen wir vor einem Maschendrahtzaun, der den Pfad zu dem vor uns liegenden Bachbett versperrt. Falls man Schwierigkeiten hat, den Zaun zu übersteigen, schaut man weiter rechts nach einer leichteren Stelle. Wir begeben uns zur Kirche Agios Athanasios am gegenüberliegenden Ufer. Von hier verläuft ein deutlich erkennbarer Pfad schräg zum Bachbett zurück.

Dem Bachbett (**1Std15Min**) folgen wir in nordnordöstlicher Richtung. Ein holpriger Pfad verläuft teils neben dem ausgetrockneten Bachbett, teils darin und wechselt die Seite. In der Nähe des Wasserrohrs, das entlang unserer Route verläuft, streunen Ziegen und Schafe umher und liegen im Schatten. Etwas später wird das Bachbett zur Schlucht, wo die Tiere vor der Sonne Schutz suchen. Wenn man hier im Frühjahr oder Frühsommer unterwegs ist, findet man das Strauchige Brandkraut und die weit verbreitete, stinkende Gewöhnliche Schlangenwurz. Wir erreichen eine Stelle (**1Std30Min**), an der man zwischen hohen Felswänden hindurch die dahinterliegende Landschaft erblickt. Das Bachbett wird nun zur Schlucht, und unsere Wanderroute verläuft steil bergab; stellenweise muß geklettert werden. Wir halten uns auf der linken Seite. Fünf Minuten später versperrt an der engsten Stelle ein Weidegatter den Weg. Wir umgehen es und wandern weglos weiter bergab. Binnen zehn Minuten gelangen wir auf einen Weg, der den Wasserlauf schneidet, und folgen ihm nach links.

Im Frühsommer umgibt uns leuchtendgelb blühender Ginster; im Herbst tauchen die Gelb- und Goldtöne der Weinberge die Landschaft in ein weiches Licht. Bald kommt ein Weidegatter; dahinter bleiben wir auf dem Hauptweg und gehen an allen Abzweigungen vorbei. Nach etwa einer halben Stunde setzt sich der Weg (inzwischen mehr eine Staubstraße) asphaltiert fort, und wir erreichen eine Verzweigung, an der wir nach rechts hinabgehen. Innerhalb weniger Minuten passieren wir die ersten Häuser von Mouri, einer sehr

Wanderung 14: Katsomatados • Mouri • Voulgaro

kleinen Ortschaft. Bald steht rechts ein sehr altes Kafeneion (**2Std25Min**), das von Weinranken und Maulbeerbäumen beschattet wird. Wir wandern geradeaus auf der Asphaltstraße weiter und kommen rechts an einer Kirche vorbei, wo wir das Dorf verlassen.

20 Minuten hinter dem Kafeneion windet sich die Straße in den winzigen Weiler Katohori hinab; unterwegs schlängelt sie sich um eine aus Beton erbaute Kirche mit rotem Ziegeldach. Jenseits des Tals ist Voulgaro erkennbar, und ein Stückchen weiter kommt das Dorf Topolia in Sicht; die enge Schlucht links davon führt nach Katsomatados. Die Straße biegt schließlich rechts um eine kleine weißgetünchte Kirche mit Tonnengewölbe. 20 Minuten später gelangen wir auf die Hauptstraße, die durch Voulgaro führt. Wir gehen nach rechts in den Ort hinein (**3Std 20Min**) und erkundigen uns im ersten Kafeneion nach Bussen bzw. Taxis.

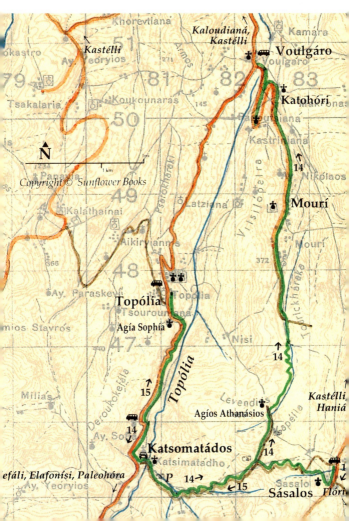

15 SASALOS • KATSOMATADOS • TOPOLIA

Siehe die Karte auf Seite 82-83; siehe auch das Foto auf Seite 81
Entfernung/Gehzeit: 8 km; 2Std15Min
Schwierigkeitsgrad: Leicht. Aufstieg über 200 Höhenmeter, Abstieg über 250 Höhenmeter.
Ausrüstung: Feste Schuhe, Sonnenhut, Proviant, Getränke
Anfahrt: 🚌 nach Kastelli (Fahrplan 8); Fahrzeit 45 Min.; weiter mit dem 🚌 nach Sasalos (nicht in den Fahrplänen aufgeführt; Abfahrt täglich 14 Uhr); Fahrzeit etwa 1 Std. Oder 🚕 Taxi von Kastelli nach Sasalos.
Rückfahrt: 🚌 von Topolia nach Kastelli (nicht in den Fahrplänen aufgeführt; Abfahrt täglich 15.30 Uhr); Fahrzeit 30 Min. Oder 🚕 Taxi nach Kastelli. Weiter mit dem 🚌 nach Hania (Fahrplan 8); Fahrzeit 45 Min.
Kurzwanderung: Sasalos — Katsomadatos (5 km; 1Std35Min). Schwierigkeitsgrad, Ausrüstung, Anfahrt wie oben. Man folgt der Hauptwanderung nach Katsomadatos. Hier hält man entweder ein 🚕 Taxi auf der Hauptstraße außerhalb der Ortschaft an oder bestellt in einem der Kafeneions an der Hauptstraße telefonisch ein Taxi.

Diese unkomplizierte Wanderroute von Sasalos nach Topolia ist für einen gemütlichen Nachmittagsspaziergang bestens geeignet. Die Landschaft ist hier auch im Sommer noch grün, Oleander bedeckt die Hänge, und schattige Kastanien säumen teilweise den Feldweg. Man sollte sich genügend Zeit nehmen, um durch Kastelli zu schlendern, ehe man mit dem Bus nach Sasalos weiterfährt.

Unabhängig davon, wo der Bus hält, gehen wir **zunächst** nach Sasalos hinein und kommen dabei an einem Schild »Floria« (ΦΛΩΡΙΑ) vorbei, das links steht. Dann gehen wir nach rechts über eine Brücke und biegen unmittelbar hinter einem Gebäude auf der rechten Seite rechts auf einen Erdweg. Wir laufen an einem alten Gebäude vorbei, das zurückversetzt von der Straße steht und einer Scheune ähnelt, und gehen auf die unten abgebildete Kirche zu. An der Kirche biegen wir nach rechts und folgen dem Weg zwischen den Bäumen am Wasserlauf entlang. Wir stoßen auf einen anderen Weg, der vom Dorf heranführt, und folgen ihm nach links bergauf an allen Abzweigungen vorbei.

Der Weg verflacht sich schließlich (**40Min**). Vor uns sehen wir den Weg nach Voulgaro (Wanderung 14), der im weiten

Vor dem Aufbruch kann man sich diese hübsche Kirche in Sasalos anschauen. Ihre Kuppel ist nicht mehr blau gestrichen.

Der Hafen in Hania

Bogen nach rechts schwenkt. Wir folgen jedoch einem kurzen steilen Wegstück scharf nach links, durchschreiten oben das Weidegatter und schauen nun von der Anhöhe herab. Der Blick fällt auf die fruchtbaren Hügel, die sich vor uns in der Ferne erstrecken (Foto Seite 81). Drei Wege führen an dieser Stelle weiter. Wir nehmen den mittleren Weg; er biegt in ein Tal hinab, das nach Katsomatados führt.

Einige Minuten später kommt eine Verzweigung. Wir biegen links auf den Weg, der zum Talboden hinabführt. Etwa 25 Minuten nach der Anhöhe, hinter einem halben Dutzend Futtertröge und einem steinernen Viehstall auf der rechten Seite, führt der Weg in den Wald. An dem Wegweiser, der auf einen Fußweg zu einem alten Kastanienhain (»Kastanodasos«) weist, gehen wir vorbei. Wir folgen unserem Weg in einer Rechtsbiegung hinab und überqueren den Bach. Im Schatten von Kastanien geht es geradeaus weiter bergab. Unmittelbar vor Katsomatados kommt rechts eine wunderschöne Kirche und dann eine große Taverne namens »Hiker« (**1Std30Min**).

Wir wandern geradeaus weiter, überqueren auf der Brücke das Flußbett und folgen dem betonierten Weg um eine Linksbiegung zur Hauptasphaltstraße empor. Auf ihr gehen wir rechts weiter, um das 40 Minuten entfernte Topolia zu erreichen. Etwa 350 m nach der Einmündung kommen direkt hinter einer Biegung zwei Kafeneions. Hier endet die Kurzwanderung; man kann entweder auf ein vorbeifahrendes Taxi warten oder telefonisch eines bestellen. Die Hauptwanderung führt auf der Straße weiter. Bald erblicken wir einen Tunnel, der in die Wand der Topolia-Schlucht führt. Einige Minuten vor dem Tunneleingang verweist ein altes Schild in Griechisch auf die Kirche Agia Sophia (Αγ Σοφια), die in eine Höhle hineingebaut ist. Es ist nur ein kurzer Aufstieg; von der Straße aus ist ein Stern am Höhleneingang gerade noch erkennbar. Anschließend wandern wir auf der Straße weiter und gehen vorsichtig durch den Tunnel. Er ist nicht sehr lang, und man kann das Licht am anderen Ende erkennen. Rechts von der Straße verläuft die Topolia-Schlucht tief eingeschnitten. Etwa 200 m nach dem Tunnelausgang genießen wir den Blick von einer kleinen Bar in die Schlucht. In Topolia (**2Std15Min**) hält man ein vorbeifahrendes Taxi an. In diesem oberen Teil der Ortschaft stehen normalerweise Taxis an der Hauptstraße. Falls man die Wanderung früh begonnen hat (z.B., weil man mit dem Auto mitgenommen wurde), erwischt man vielleicht noch den Bus um 15.30 Uhr.

16 DIE IRINISCHLUCHT

Entfernung/Gehzeit: 9,5 km; 3Std30Min
Schwierigkeitsgrad: Leichte, markierte Schluchtwanderung mit einem Abstieg über etwa 600 Höhenmeter. Es gibt einige kurze steile Abschnitte, auf denen Trittsicherheit und ein Minimum an Behendigkeit erforderlich sind. An zwei Stellen besteht Schwindelgefahr, falls das Sicherheitsgeländer nicht vorhanden sein sollte. Viel Schatten.
Ausrüstung: Feste Schuhe, Sonnenhut, Proviant, Getränke, Badesachen
Anfahrt: 🚌 in Richtung Sougia (Fahrplan 6). Man bittet den Fahrer, direkt an der Irinischlucht (»faráji«) oder in Agia Irini (von hier geht man 10 Min. zu Fuß nach Süden zur Schlucht hinab) bzw. in Epanohori (von hier geht man 7 Min. zu Fuß nach Norden zur Schlucht hinauf) abgesetzt zu werden; Fahrzeit 1 Std. 15 Min.
Rückfahrt: 🚌 von Sougia (Fahrplan 6); Fahrzeit 1Std30Min.

Dank menschlicher Ingeniosität wurde die Irinischlucht passierbar gemacht — vielleicht, um die Samariaschlucht etwas zu entlasten und zugleich eine neue Touristenattraktion zu schaffen. Obwohl es Rastplätze und Trinkwasser gibt, ist die Schlucht noch sehr ursprünglich. Zum Zeitpunkt der Drucklegung waren einige Geländer noch nicht montiert, aber dies müßte inzwischen geschehen sein. Obwohl sie weniger dramatisch ist als die Samariaschlucht, kann die Irinischlucht fast rund um das Jahr durchwandert werden. Sougia ist eine schöne, etwas verschlafene und abgelegene Ortschaft am Ende der Wanderung, wo man vor der Rückfahrt im Meer baden kann. Alternativ kann man hier übernachten und am nächsten Tag über die Ausgrabungsstätte Lisos nach Paleohora wandern (Wanderung 17) oder sogar noch Wanderung 18 von Paleohora nach Elafonisi anschließen, um von dort mit dem Bus nach Hania zurückzufahren.

Ausgangspunkt ist das große Schild links an der Straße nach Sougia; wir befinden uns auf einem holprigen Weg. Unmittelbar hinter einigen kleinen Gebäuden (Eintrittskartenverkauf/ Toiletten) beginnt linker Hand das Bachbett. Die Luft riecht würzig nach Kiefern; Kastanien sorgen für Schatten. Nach sieben Minuten führt der Weg über das Bachbett und setzt sich bald als Pfad fort, während er wieder oberhalb des Bachbetts ansteigt. Von nun an ist die Wanderung markiert und einfach. Es gibt einige angelegte Rastplätze und zahlreiche schöne Fleckchen, wo man sich niederlassen kann, um einen größeren Felshang zu bewundern oder ganz einfach die Landschaft zu genießen.

Schließlich (**2Std30Min**) nähern wir uns dem Ende der Schlucht, wie wir mit Blick auf die vor uns liegenden Hänge erkennen. Sobald zu beiden Seiten Olivenhaine liegen (**2Std 40Min**), steigt die markierte Route vom Flußbett nach links zu einem Fahrweg an. Wir folgen diesem nach rechts und erreichen nach 10 Minuten eine Wegkreuzung. Links oben steht eine Kirche, rechts unten befindet sich eine alte Brücke im Flußbett. Wir gehen geradeaus weiter. Dann (gut **3Std**) stoßen wir auf eine Asphaltstraße und gehen rechts über eine Brücke. Bald führt die Straße zur Hauptstraße nach Sougia hinauf. Wir folgen ihr nach links die letzten 2,5 km zum Meer (**3Std30Min**).

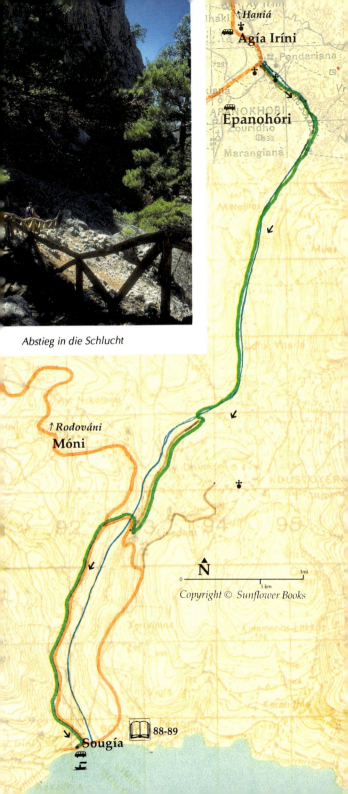

Abstieg in die Schlucht

17 SOUGIA • LISOS • PALEOHORA

Die Karte setzt sich auf den Seiten 90-91 fort; siehe auch das Foto auf Seite 21

Entfernung/Gehzeit: 17 km; 4Std45Min

Schwierigkeitsgrad: Mittelschwer bis anstrengend. Auf- und Abstiege über insgesamt etwa 400 Höhenmeter; durchgehend E4-Zeichen.

Ausrüstung: Feste Schuhe, Sonnenhut, lange Strümpfe/Hosen, Proviant, reichlich Getränke

Anfahrt: 🚌 nach Sougia (Fahrplan 6); Fahrzeit 1Std30Min.

Rückfahrt: 🚌 von Paleohora (Fahrplan 5); Fahrzeit 2Std.

Kurzwanderung: Sougia — Lisos — Sougia (8 km; 2Std30Min). Mittelschwerer Auf- und Abstieg über 150 Höhenmeter; Ausrüstung und Anfahrt wie oben. Rückfahrt mit dem 🚌 von Sougia (Fahrplan 6); Fahrzeit 1Std30Min.

Die Busfahrt nach Sougia, wo unsere Wanderung beginnt, führt durch malerische bewaldete Täler und über mit Bäumen bestandene Hänge (die westlichen Ausläufer der Weißen Berge), die im Herbst in herrlichen Farben leuchten. Der Bus folgt der Irinischlucht (Wanderung 16) und ihrem Flußbett zum Meer hinab. Auf dieser Wanderung, die parallel zur Küste verläuft, hat man ständig den Ausblick aufs Meer. Die erste Hälfte führt durch eine äußerst reizvolle Schlucht, dann bergauf und schließlich hinab zur Ausgrabungsstätte Lisos aus der Römerzeit, die hinter der geschützten Bucht von Agios Kyrkos liegt. Auf der zweiten Hälfte überqueren wir ein weites, flaches Vorgebirge, ehe wir wieder zum Meer hinuntergehen und dann an der Küste entlangwandern. Dieser Küstenabschnitt ist von Buchten unterbrochen und erstreckt sich bis nach Paleohora.

Der Bus hält in Sougia am Meer. Vor uns erstreckt sich ein langer Kiesstrand. Zum Meer gewandt, gehen wir **zunächst** vom Bus und Parkplatz nach rechts (Westen). An der Verzweigung am kleinen Hafen von Sougia halten wir uns rechts. Vor uns erhebt sich eine Felswand, und ein Schild weist uns in Richtung Lisos. Der Pfad ist mit E4-Zeichen markiert und führt in die wunderschöne, auf Seite 21 abgebildete Schlucht. Im Spätfrühling und Sommer ist sie dicht mit leuchtend rosafarbenem Oleander bestanden. Überall in der Schlucht gibt es herrliche Picknickplätzchen (Picknick 17). Man kann sich ein Plätzchen unter Johannisbäumen, Oliven oder Kiefern suchen — in der Schlucht oder an ihrem Rande.

Copyright © Sunflower Books

Hoch über der Ausgrabungsstätte Lisos überqueren wir eine mit dornigem Ginster und Wolfsmilch bewachsene Ebene.

Die glatten Wände der Schlucht ragen hoch über uns auf (**25Min**). Fünf Minuten später verläßt unser Pfad, dem wir folgen müssen, nach links ansteigend die Schlucht. Dann (**50Min**) blicken wir auf die Ausgrabungsstätte Lisos hinab, die zurückversetzt am Rande ihrer schönen geschützten Bucht liegt. Der markierte Pfad schlängelt sich bergab, und wir passieren einen Höhleneingang (**1Std**) rechts oberhalb des Pfades. Wir erreichen das Hauptausgrabungsgelände von Lisos (**1Std15Min**). Sollte es geschlossen sein, kann man sich an den Wärter wenden, der sich normalerweise in dem nahegelegenen Haus aufhält, wo man auch Erfrischungen erhält. Die Kurzwanderung endet hier und führt auf demselben Weg nach Sougia zurück.

Um nach Paleohora weiterzuwandern, folgen wir den Wegzeichen. Die Südküste und unser Ziel rücken gut in Sichtweite (**2Std**). Es gibt einige herrliche Buchten, in denen man baden und die Einsamkeit genießen kann. Schließlich (**3Std35Min**) erreichen wir einen ausgedehnten Strand. Gut eine Stunde später kommen wir nach Paleohora (**4Std45Min**). Der Bus wendet und hält hinter einer Statue des Konstantin Kriaris — unmittelbar bevor die Hauptstraße enger wird. (Hinter diesem schmalen Straßenabschnitt kommt ein Uhrturm.)

18 VON PALEOHORA (KRIOS-STRAND) NACH ELAFONISI

Siehe das Foto auf Seite 4 **Entfernung/Gehzeit:** 9,5 km; 3Std30Min
Schwierigkeitsgrad: Mittelschwer. Auf- und Abstiege über insgesamt etwa 200 Höhenmeter. Man muß trittsicher, behende und schwindelfrei sein (Schwindelgefahr). Auf der ganzen Route E4-Zeichen.
Ausrüstung: Feste Schuhe, Sonnenhut, Proviant, reichlich Getränke
Anfahrt: 🚌 nach Paleohora (Fahrplan 5); Fahrzeit 2 Std. (man kann auch Wanderung 17 von Sougia nach Paleohora folgen). Weiterfahrt mit dem 🚕 Taxi zum Krios-Strand (7 km).
Rückfahrt: 🚌 von Elafonisi um 16 Uhr oder 🚌 vom Kloster Chrisoskalitisas um 18 Uhr (nicht in den Fahrplänen aufgeführt; *nur im Hochsommer*). Oder ⛴ zurück nach Paleohora; Abfahrt 16 und 18 Uhr *(nur im Hochsommer)*.

Auf dieser herrlichen Küstenwanderung begleitet uns das Rauschen des Meeres. Paleohora ist ein angenehmer Ort; hier kann man übernachten, falls man in Sougia losgewandert ist (Wanderung 17). Es gibt eine gute Buchhandlung sowie mehrere Tavernen und Cafébars, wo man auf andere Wanderer trifft. Von Elafonisi aus kann man 5 km auf einer holprigen Straße zum

Wanderung 18: Von Paleohora (Kriós-Strand) nach Elafonisi

Kloster Chrisoskalitisas weiterwandern, um nach dem Besuch von dort mit dem Bus um 18 Uhr nach Hania zurückzufahren.

Das Taxi setzt uns bei einer Bar am Rande des Kriós-Strandes ab. Wir lassen die Bar rechts liegen und gehen **zunächst** nach Westen über den Strand auf die Landspitze zu. Eventuell bekommt man nasse Füße, während man einen Fels am ersten E4-Markierungspfosten umrundet. Hier beginnt ein felsiger Pfad, der den Hang hinaufführt und zunächst mit gelben, dann roten Zeichen markiert ist. Auf der Anhöhe der ersten Landspitze angekommen (**10Min**), schauen wir auf den Strand zurück. Die weitverbreiteten Foliengewächshäuser dahinter, an der kretischen Südküste ein vollkommen normaler Anblick, sind ein unschönes Bild und zugleich ein krasser Gegensatz zum herrlichen Meer.

Nach zehn Minuten überqueren wir die Anhöhe der nächsten Landspitze; in der Ferne ragt eine Halbinsel ins Meer. Der Pfad führt schließlich über ziemlich loses Geröll (**1Std**). Dieser Abschnitt ist schwindelerregend, da es keinen Schutz vor den Steilabfällen zum Meer gibt. Zehn Minuten später, nachdem wir eine weitere Anhöhe überquert haben, kommt die Kapelle Agios Ioannis in Sicht. An der Außenseite hängt eine riesige Glocke, die zu läuten verlockt; die Tür ist nicht versperrt. Falls man Schwierigkeiten hat, das nächste E4-Zeichen ausfindig zu machen, hält man nach einem Steinmännchen oder einem alten roten Wegzeichen Ausschau. Schließlich kommt erneut ein schwindelerregender Abschnitt (**1Std40Min**). Fünf Minuten später *scheint* der Pfad sich ansteigend vom Klippenrand zu entfernen, wir jedoch gehen zum Klippenrand und sehen mit Erschrecken ein E4-Zeichen *unterhalb* von uns. Es gibt tatsächlich eine Abstiegsmöglichkeit! Wir müssen etwa zehn Minuten vorsichtig zu einem Strand hinabklettern. Steinmännchen und rote Wegzeichen markieren die Route über den Strand.

Der weitere Routenverlauf nach Elafonisi ist ab und zu markiert, aber die Richtung ist eindeutig. Falls man sich die Zeit so eingerichtet hat, daß man mit dem Boot nach Paleohora zurückfahren kann, sieht man es jenseits der Felsen zur Linken, wo es vertäut liegt (**3Std30Min**). Dahinter schließen sich die Strände, Bars und der Parkplatz von Elafonisi an. Der Bus zurück nach Hania fährt hinter der letzten Bar ab, die man erreicht.

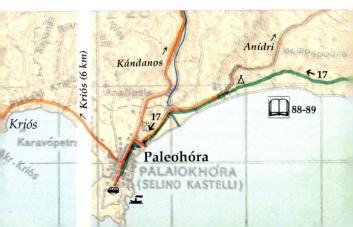

19 XILOSKALA • LINOSELI-SATTEL • BERG GINGILOS • XILOSKALA

Siehe die Karte auf Seite 96-97
Entfernung/Gehzeit: 13 km; 5-6 Std.
Schwierigkeitsgrad: Anstrengender Auf- und Abstieg über 850 Höhenmeter. Man muß trittsicher, behende und schwindelfrei sein (Schwindelgefahr).
Ausrüstung: Wanderstiefel, Anorak, Sonnenhut, Proviant, reichlich Getränke
An- und Rückfahrt: 🚗 oder 🚐 zur Omalos-Ebene und zurück (Fahrplan 3); Fahrzeit etwa 45 Min. (Endhaltestelle ist die Xiloskala am oberen Ende der Samariaschlucht.) Den Autorinnen dieses Buches wurde versichert, daß das Busunternehmen *unabhängig von der Jahreszeit* einen Bus einsetzt, sofern es Reisende gibt.
Kürzere Wanderung: Xiloskala — Linoseli-Sattel — Xiloskala (10 km; 3Std30Min); Schwierigkeitsgrad, Ausrüstung, An-/Rückfahrt wie oben. Man folgt der Hauptwanderung 1 Std40Min und kehrt auf demselben Weg zurück. Etwas weniger anstrengender Auf- und Abstieg über 500 Höhenmeter.

Beim Aufstiegs zum Gingilos erlebt man Stille und völlige Bergeinsamkeit, kann Echos vernehmen und verspürt die Erhabenheit der Bergwelt. Der ehrfurchtgebietende Gingilos ist ein überwältigendes Bergmassiv, das sich auf einer Seite der Samariaschlucht erhebt. Bizarre Felsformationen, ein mächtiges Geröllfeld, Felswände, die den Schall reflektieren, gefährlich sich an Felsvorsprünge klammernde Wildblumen, sturmgebeugte Bäume sowie atemberaubende Ausblicke — dies sind nur einige Höhepunkte der Wanderung.

Der Weg zum Linoseli-Sattel (Kürzere Wanderung) wird für manche Wanderer wahrscheinlich schon abenteuerlich genug sein. Unerschrockene Wanderer können bis zum Gingilos-Gipfel hinaufklettern. Die Wanderung ist nicht so schwierig, wie sie vom Fuße des Berges aus erscheint. Mit 2080 m ist der Gingilos zwar nicht der höchste Gipfel Kretas, aber sicherlich einer der beeindruckendsten.

Der Bus wendet an der Xiloskala, von wo aus man in die Samariaschlucht hinunterwandert (Wanderung 21; Wanderung 20 beginnt ebenfalls hier). Vor dem Holzgeländer am oberen Ende der Xiloskala (griechisch »Holztreppe«; siehe auch das Foto auf Seite 87) blicken wir nach rechts zu einem kleinen Rasthaus empor, das abseits der Straße oben am Hang steht. Der Aufstieg zum Gingilos beginnt hinter diesem Gebäude. **Zunächst** gehen wir den Pfad zum Rasthaus hinauf und rechts um das Gebäude. Wir halten rechts vom oberen Stockwerk nach dem braun-gelben Wegweiser Ausschau, der auf den »Linoseli Footpath« weist. Auf dem steilen Pfad geht es zügig bergauf. Hin und wieder bietet ein Baum am Wegesrand etwas Schatten für eine Verschnaufpause; an einer Seite verläuft ein Zaun.

Der Pfad führt durch eine große Lücke im Zaun (**30Min**) und verflacht sich dahinter. Wir lassen jetzt die Omalos-Ebene rasch hinter uns. Der Pfad verläuft dann ziemlich hoch, während links

Wanderung 19: Xiloskala • Berg Gingilos • Xiloskala 93

der Hang steil abfällt (**45Min**); hier besteht Schwindelgefahr. Rückblickend bietet sich eine herrliche Sicht auf die Kallergi-Hütte, die hoch oben jenseits der Samariaschlucht steht (siehe das Foto auf Seite 95). Auf zwei Pfade achten wir von hier aus ganz besonders: Ein Pfad im Vordergrund führt zur Xiloskala hinab (Wanderung 20); ein anderer Pfad in mittlerer Entfernung (rechts von der Kallergi-Hütte) verläuft durch das Naturschutzgebiet in die Samariaschlucht.

Unser Pfad führt uns nun unter einem riesigen Felsbogen hindurch (**50Min**). Kretisches Ebenholz hängt anmutig vom Fels herab, und unweigerlich stellt sich das Gefühl ein, sich hier im Herzen des Berglandes zu befinden. Wie auf dem Foto unten zu sehen, umgeben uns allseits gewaltige Felswände, Gipfel, Gesteinsbrocken und Felsformationen.

Wir gehen schließlich links um einem mächtigen Felsen (**1Std**); unterhalb davon gibt es eine nicht sehr tiefe Höhle. Fünf

Dramatische Felsformationen begleiten uns beim herrlichen Aufstieg zum Gingilos.

94 Landschaften auf Westkreta

Minuten später gelangen wir zur Linoseli-Quelle; im Fels ist ein Wassertank untergebracht. Der Pfad setzt sich nach rechts ansteigend fort und führt auf einen großen Geröllhang (Foto Seite 93) sowie einen sehr auffälligen Gipfel zu, der dahinter aufragt. Hinter der ersten Biegung folgen wir einem markierten Bergpfad, der in Kehren den Hang hinaufführt. Teilweise verläuft er auf festem Geröll; unterwegs kommen Steinmännchen. Etwa 18 Minuten hinter der Linoseli-Quelle verflacht sich der Pfad auf einem kurzen Stück. Ein großer Felsen bietet etwas Schatten.

Schließlich (**1 Std 40 Min**) erreichen wir eine markante Anhöhe, den Linoseli-Sattel. Hier kann es sehr windig sein, aber es ist herrlich, so hoch oben zu stehen und die weiten Ausblicke zu genießen. Wenn man an einem klaren Tag in Richtung Kallergi-Hütte zurückblickt, kann man vielleicht gerade noch die Insel Theodorou links von der Schutzhütte erkennen; sie ist der fernen Nordküste vorgelagert.

Die Kürzere Wanderung führt von diesem Sattel auf demselben Weg zur Xiloskala zurück. Wer jedoch den Gipfel besteigen möchte, für den beginnt nun der Aufstieg. Links weist ein Pfeil zum Rand des Berges hinauf. Wir folgen den Wegzeichen steil bergauf und dürfen sie unterwegs nicht aus den Augen verlieren. Stellenweise müssen wir klettern; man muß absolut trittsicher sein. **Vorsicht:** Nach etwa 200-300 m kommt direkt unterhalb des markierten Pfades ein fast 25 m tiefes, steilwandiges Loch mit einem Durchmesser von etwa 2,5 m. Bald genießen wir einen einfach herrlichen Blick auf die Omalos-Ebene. Während wir uns dem Gipfel nähern, kommen wir wieder leichter voran (**2 Std 25 Min**). Fünf Minuten später erreichen wir ein Steinmännchen auf einer kleinen Verebnung, die man für den Gipfel halten könnte. Tatsächlich sind es noch 30 Minuten zum Hauptgipfel (Volakias). Falls man Lust hat, kann man dieses Stück noch weiterwandern. Unsere Autorinnen machen hier jedoch kehrt, da der weitere Wegverlauf nicht markiert ist.

Nachdem wir den großartigen Ausblick genossen haben, beginnen wir mit dem Rückweg. Vom ersten Steinmännchen auf der Ebene aus folgen wir aufmerksam den Wegzeichen zum Sattel hinab. Unterwegs können wir zwischen verschiedenen Routen wählen. Manche sind einfacher als andere, aber da wir unser Ziel kennen, bleibt die Entscheidung in unserem Ermessen. Nach 50 Minuten sind wir wieder am Linoseli-Sattel. Beim Abstieg kann man der herrlichen Landschaft und den Bäumen, darunter dem schönen Französischen Ahorn, mehr Aufmerksamkeit schenken. Der Abstieg zur Xiloskala zurück dauert etwa zweieinhalb Stunden (**5-6 Std**). Wenn man zuletzt auf der Terrasse des Rasthauses zu einem erfrischenden Getränk Platz nimmt, sollte man sprungbereit sein, falls der Bus kommt; er hält nur ganz kurz, nachdem er gewendet hat.

20 EINE HOCHGEBIRGS-RUNDWANDERUNG VON DER KALLERGI-HÜTTE AUS

Entfernung/Gehzeit: 16 km; 5Std35Min

Schwierigkeitsgrad: Anstrengend; nur für erfahrene Bergwanderer. Auf- und Abstiege über insgesamt etwa 600 Höhenmeter. Ein Teil der Route ist mit E4-Zeichen markiert; abweichend davon führt die hier beschriebene Rundwanderung zur Kallergi-Hütte zurück.

Ausrüstung: Wanderstiefel, Anorak, Sonnenhut, Stirnband/Kopftuch, Kompaß, Proviant, reichlich Getränke

An- und Rückfahrt: 🚗 Auto mit Vierradantrieb zur Kallergi-Hütte und zurück; hier kann man auch übernachten (siehe »Unterkunft«, Seite 40). Oder mit dem 🚌 oder 🚐 zur Xiloskala und zurück (siehe Wanderung 19, Seite 92). Von der Xiloskala muß man zur Kallergi-Hütte und wieder zurück gehen (zusätzlich 2 Std.; siehe die Kurzwanderung unten).

Kurzwanderung: Xiloskala — Kallergi-Hütte — Xiloskala (8 km; 2 Std.). Größtenteils leichte Wanderung auf einem Weg. Feste Schuhe, Sonnenhut, Proviant, Getränke. An-/Rückfahrt wie bei Wanderung 19, Seite 92. Siehe die Wegbeschreibung auf Seite 98.

Diese Wanderung ist atemberaubend im wahrsten Sinne des Wortes, doch ohne jeden Zweifel lohnt der Aufstieg zum Melindaou die Mühe. Der Ruf der Berge läßt nicht nur Bergsteigerherzen höher schlagen. Diese Wanderung im Herzen der großartigen Weißen Berge (Levka Ori) ist eine ausgezeichnete Einführung in Hochgebirgstouren auf Kreta.

Für diese Wanderung braucht man Ausdauer und Trittsicherheit; außerdem muß man mit einem Kompaß umgehen können. Dafür wird man reichlich entlohnt, und sicherlich wird das Wandern in dieser Gegend nur den Anfang einer langen Freundschaft mit Kretas Bergwelt sein. Die Ausblicke sind unvergeßlich — die Weite der Landschaft, die aufgefalteten Gesteine und steilen Berghänge, die Farben und Formen, die Höhen und Abgründe, und der herbe Charakter Westkretas.

Vor dem Aufbruch sollte man die Hüttenleitung der Kallergi-

Hoch oben auf einem Gipfel gegenüber dem Gingilos liegt die Kallergi-Hütte. Zwischen diesen beiden Gipfeln liegt die Samariaschlucht, die bis zum Meer hinunterführt.

Hütte unbedingt über die Wanderroute informieren. Dann **geht es los:** Wir laufen an der Schutzhütte vorbei und folgen dem kurzen Pfad, der zu einem Weg führt. Dieser Weg verläuft nach Osten auf die Berge zu, und wir werden ihm bis zum Poria-Sattel folgen. Wir genießen eine herrliche Sicht auf die Kallergi-Hütte und den Gingilos; siehe das Foto auf Seite 95. Nachdem die Schutzhütte aus unserem Blickfeld rückt und links vom Weg das Tal abfällt (**20Min**), bietet sich ein wunderschönes Gebirgspanorama. An klaren Tagen kann man von hier bis zur Insel Theodorou blicken, die westlich von Hania vor der Küste liegt.

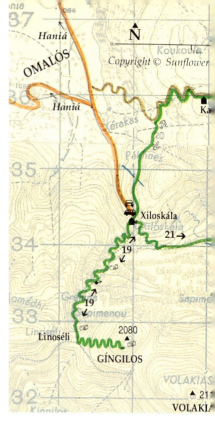

Hinter einer Wegbiegung erreichen wir einen Sattel, den die Hirten »Poria« nennen (**45Min**). Von hier aus führen Pfade in verschiedene Richtungen. Noch ehe wir zu dem offenen Gelände rechts des Weges hinabgehen, erblicken wir ein Stückchen weiter links die Hirtenhütten. Am Ende der Wanderung werden wir gegenüber diesen Hirtenhütten den Hang hinunterkommen. Nun wandern wir weiter. Wir biegen rechts vom Weg ab und gehen auf einem Pfad quer durch die Mitte des offenen Geländes auf ein steinernes igluförmiges Gebäude zu (dahinter sind in der Ferne zerklüftete Felsen erkennbar). Direkt hinter dem zerklüfteten Rand ist der Gingilos erkennbar. Wir gehen an dem steinernen Unterstand vorbei und nehmen dann die erste Linksabzweigung. Nun wenden wir uns von der Kallergi-Hütte ab und folgen dem Pfad über den Hang. Auf der höchsten Stelle vor uns sehen wir eine kleine Anhöhe. Wir wandern nach Osten. Sieben Minuten später gehen wir weiterhin in östliche Richtung und lassen einen riesigen quadratischen Felsbrocken links liegen. Wir folgen den Wegzeichen, während wir stetig steiler aufsteigen. Nach 20 Minuten Aufstieg blicken wir auf die Kallergi-Hütte zurück, um uns zu orientieren. Wir sehen einen verdorrten Baumstamm, der sich eindrucksvoll gegen den Hang abzeichnet.

Nach einem sehr steilen Aufstieg verflacht sich unsere Wanderroute kurzzeitig (**1Std30Min**). Wir sind auf Höhe der Schutzhütte, die nun weit von uns entfernt ist. Schon bald geht es jedoch hinter einem großen Steinmännchen weiter bergauf. Eine Viertelstunde später sind wir oben auf dem ersten Bergrücken angelangt. Die herrliche Bergwelt und die großartige kretische Landschaft liegt um uns ausgebreitet.

Wir folgen dem Bergrücken nach links in nordöstlicher Richtung und achten genau auf die Wegzeichen. Bald sehen wir das erste von mehreren Steinmännchen. Wir wandern auf dem Bergrücken weiter, steigen dann wieder an (**2Std10Min**) und *folgen aufmerksam den Wegzeichen*. Zehn Minuten später kommt ein kurzer Betonpfosten, aus dem drei Eisenstücke hervorstehen. Von dieser Stelle aus sehen wir den weiteren Weg, der über einen Bergrücken auf den Mavri zuführt. (Das Foto auf Seite 98 wurde hier aufgenommen und zeigt deutlich den Wegverlauf.) 13 Minuten später (**2Std25Min**) sehen wir ein weiteres Steinmännchen auf dem Bergrücken und gehen direkt den Kammrücken hinauf. Am nächsten Steinmännchen in der Nähe des Mavri-Gipfels (**2Std30Min**) folgen wir dem Pfad, der nach rechts schwenkt und zum nächsten Hang hinüberführt.

Nachdem wir die Hälfte des Kammrückens gegangen sind (**2Std40Min**), achten wir auf einen Pfad, der scharf nach links um die andere Hangseite des Mavri zurückführt. Dies ist unser Rückweg. Wir können entweder hier kehrt machen oder weitergehen und dem Pfad folgen, der rechts auf den Melindaou-Gipfel zuführt (siehe die Bildlegende auf Seite 98).

Wenn man zum Melindaou weiterwandert, gibt es keine bestimmte Stelle, an der man umkehren müßte. Der Pfad führt immer tiefer in die Weißen Berge — bis zum Pahnes, dem höchsten Gipfel des Gebirges, der zwei Tagesmärsche entfernt liegt. Soweit man keinen Führer hat, ist es am besten, auf dem Pfad zurückzugehen, den man am Mavri gesehen hat. Er verläuft etwas weiter unterhalb am Berghang in Richtung der Kallergi-Hütte zurück. Wir folgen den Wegzeichen über einen Bergrücken und blicken nach rechts hinunter auf das Tal, das vor uns liegt. Im Tal verläuft ein deutlich ausgeprägter Pfad. Wir steigen vorsichtig zu diesem Pfad und der Talsohle hinab; für diesen Abstieg am unwegsamen Hang brauchen wir eine Viertelstunde.

Sobald wir die Talsohle erreicht haben, geleiten uns Markierungspfeile zu dem Weg direkt hinter dem Poria-Sattel zurück,

Auf dieser Hochgebirgswanderung, die um den Mavri (den Gipfel in der Bildmitte) führt, sind Wanderer nur ein kleines Pünktchen in der Landschaft. Rechts erhebt sich der Melindaou.

wo unser Aufstieg begann. Im April und Mai ist der Talboden mit Krokussen und Wildblumen übersät — ein wunderschöner Anblick auf dem Rückweg zur Kallergi-Hütte. Nachdem wir ein gutes Stück des Rückwegs zurückgelegt haben, überquert der Pfad einen ausgetrockneten Wasserlauf und setzt sich uneben bis zu den Hirtenhütten zurück, die als Orientierungspunkt dienen. Von hier folgen wir dem Weg zum 150 m entfernten Poria-Sattel und kehren auf demselben Weg zur Kallergi-Hütte zurück (**5Std35Min**). Das Gefühl, wirklich etwas geleistet zu haben, ist herrlich.

Kurzwanderung (zur Kallergi-Hütte)
Die Kallergi-Hütte in den Weißen Bergen (Levka Ori) dient Wanderern und Kletterern als Ausgangsquartier für Gebirgstouren unter Aufsicht und Führung der fachmännischen österreichischen Leitung. Man muß jedoch kein Wanderprofi sein, um die herrliche Lage der Schutzhütte zu genießen, die wie ein Adlerhorst auf 1677 m Meereshöhe thront. Vor dem Lärm der Welt kann man sich hierher zurückziehen und ein einfaches oder etwas komfortableres Quartier beziehen. Nach vorheriger Anmeldung kann man hier eine Nacht verbringen oder die Hütte einfach nur besuchen, um die Ausblicke und die friedvolle Bergwelt zu genießen oder ein Picknick zu machen.

Um sie zu erreichen, begibt man sich zunächst zu dem Holzgeländer am Aussichtspunkt auf die Samariaschlucht und blickt vom Eingang der Schlucht nach links. Eine Steinbank steht an einer Mauer unter einem großen Nadelbaum. Man folgt dem Pfad, der hinter diesem Baum beginnt. Er führt über den Hang, steigt zunächst ganz allmählich an und verläuft beinahe parallel zu dem tiefergelegenen Parkplatz. An einer Drei-Wege-Verzweigung (8Min) hält man sich ganz links. Bergauf geht es ziemlich steil um den Beginn einer flachen Schlucht herum, die links unten liegt (15Min). Rückblickend schaut man über den Parkplatz und den Touristen-Pavillon hinweg auf den Gingilos, dessen eindrucksvolles graues Bergmassiv sich im Hintergrund erhebt. Während der Pfad, dem man folgt, die Hangschulter umrundet, kommt die Omalos-Ebene in Sicht, die weit unten wie ein Tischtuch ausgebreitet liegt.

Man wandert auf dem Pfad weiter, bis er auf die Spitzkehre eines Weges stößt (25Min). An dieser Einmündung steht ein kleines Steinmännchen; auf dem Rückweg ist dieses Wegzeichen hilfreich. Man geht den holprigen Weg nach rechts hinauf. Nach einer halben Stunde erreicht man die höchste Stelle. Hier stehen ein Schrein und eine steinerne iglu-förmige Hirtenhütte, auf der sich eine Tafel befindet, die an das Heldentum während des Zweiten Weltkriegs erinnert. Der Weg teilt sich an dieser Hirtenhütte; man hält sich rechts und geht 150 m weiter bis zur Kallergi-Hütte (1Std).

Der Rückweg erfolgt auf demselben Weg.

21 DIE SAMARIASCHLUCHT

Siehe auch die Fotos auf Seite 23, 95 und 110
Entfernung/Gehzeit: 18 km; 4-6 Std.
Öffnungszeiten: April/Mai bis Oktober (je nach Niederschlägen). Die Schlucht kostet Eintritt; dafür erhält man ein deutschsprachiges Faltblatt.
Schwierigkeitsgrad: Anstrengend (insbesondere dann, wenn man nicht ans Wandern gewöhnt ist); Abstieg über 1300 Höhenmeter.
Ausrüstung: Feste Schuhe oder Wanderstiefel, Sonnenhut, Wasserflasche (darin kann man sich Quellwasser abfüllen), Proviant, Badesachen
Anfahrt: 🚐 zur Omalos-Ebene (Fahrplan 3); Fahrzeit etwa 45 Min. (an der Endhaltestelle namens Xiloskala aussteigen).
Rückfahrt: ⛴ nach Hora Sfakion; Abfahrt Agia Roumeli 15.45, 16.30, 17.00, 17.45 Uhr; Fahrzeit 1 Std 30 Min. Weiterfahrt mit dem 🚐 von Hora Sfakion (Fahrplan 4); Fahrzeit etwa 2 Std.

Vielleicht ist die Samariaschlucht einer der Gründe, warum man nach Kreta gekommen ist. Auch wenn das nicht der Fall sein sollte, wird man bald nach der Ankunft von dieser Schlucht hören; nur wenige Urlauber können der Herausforderung dieser längsten Schlucht Europas widerstehen. Man wird bestimmt nicht enttäuscht sein! Obwohl die Wanderung einem vielbegangenen Pfad folgt, braucht man unbedingt gutes Schuhwerk und Ausdauer, um die Schlucht zu durchwandern.

Doch genug der warnenden Worte. Wie die Landschaft aussieht? Die Szenerie ist ganz einfach hinreißend, vom oberen Ende der Schlucht am Rande der Omalos-Ebene bis hinunter nach Agia Roumeli. Auch die Bootsfahrt entlang der Südküste nach Hora Sfakion, wo der Bus nach Hania und zur Nordküste wartet, ist ein Erlebnis. Während die Wanderroute im Schatten der Kiefern, durch die die Sonne hindurchblinzelt, zum Meer hinabführt, erheben sich um uns die Weißen Berge. Wir kommen an kühlen Wasserbecken vorbei und überqueren weite offene Abschnitte des ausgebleichten, felsigen Flußbetts. Licht und Schatten, Höhen und Tiefen, Felsen in allen Schattierungen von

Im Hochsommer wirkt diese Brücke überflüssig, doch im Frühjahr braust das Wildwasser unter ihr hindurch.

100 Landschaften auf Westkreta

Grau, Grün, Blau und Braun, Berge, Bäume und der Himmel, Vogelgesang und Stille... man stelle sich all dies vor. Es ist ein ganz besonderes Erlebnis, dieses Naturwunder zu durchwandern. Im Frühling ist alles von Wildblumen übersät. Zu welcher Jahreszeit man auch die Schlucht durchwandert — man sollte es nicht in Eile tun, um irgendeinen Rekord zu brechen. Bei gemächlichem Schritt kann man die Natur intensiv auf sich wirken lassen. Aus diesem Grund wurde bei dieser Wanderung auf die üblichen Zeitangaben verzichtet. Viel Vergnügen!

Achtung: Man sollte nicht versuchen, eine andere Route zum Meer ausfindig zu machen, sondern *muß* auf dem vorgegebenen Weg in der Schlucht bleiben. Das Baden in den Felsenbecken ist verboten, aber man kann sich mit dem Gedanken trösten, am Ende der Wanderung im Meer schwimmen zu gehen.

Wir verlassen den Bus an zwei Kafeneions. Hier gibt es Läden und Toiletten, und wir können uns vor dem Aufbruch erst einmal sammeln. **Die Wanderung beginnt** auf der Xiloskala, einer gut angelegten »hölzernen Treppe« in die Schlucht hinab; sie ist stabil aus Baumstämmen errichtet. Vor dem Aufbruch müssen wir eine Eintrittskarte erwerben und gut aufbewahren. Sie wird erst am Ende der Schlucht abgerissen, so daß die Aufseher feststellen können, ob auch alle Wanderer durch die Schlucht gekommen sind; natürlich dient dieses Verfahren auch der Statistik. Bedauerlicherweise läuft man anfangs mit zahlreichen anderen Wanderern los, aber da sie alle verschieden schnell gehen und unterschiedliche Pausen machen, um dieses Naturwunder zu bestaunen, zieht sich das Feld schnell auseinander.

Erster Blickfang ist der Berg Gingilos (siehe das Foto auf Seite 95), eine riesige Felswand, die sich rechts auftürmt. Vielleicht ist man schon Wanderung 19 zum Gipfel des Gingilos gefolgt, ehe man nun die Samariaschlucht hinabwandert. Es ist beeindruckend, den Berg von hier unten zu betrachten... ganz besonders, wenn man ihn schon bestiegen hat.

Am Ende der Xiloskala wandern wir auf einem Pfad weiter, der auf den ersten zwei Kilometern der Wanderung ganze 1000 Höhenmeter zur oberen Schluchtsohle hinabführt. Auf diesem Abschnitt gibt es Quellen, Trinkbrunnen und zwei Toiletten. Wir kommen an der kleinen Kapelle Agios Nikolaos vorbei, die geschützt zwischen Kiefern und Zypressen auf der rechten Seite steht. Danach wird der Abstieg weniger steil. Wir erreichen den ehemaligen Weiler Samaria und haben nun die Hälfte der Wanderung geschafft. Viele Wanderer machen hier an den Bänken und Tischen ein Picknick, obwohl zahlreiche andere wunderschöne und ruhige Rastplätzchen am Wegesrand liegen. Eines der Häuser wurde für die Aufseher instandgesetzt; hier kann man sich ins Besucherbuch eintragen. Die Aufseher sind die einzigen Bewohner der Schlucht, seit sie zum Nationalpark erklärt wurde.

Von Samaria wandern wir an der Kirche Ossia Maria (»Gebeine Marias«) vorbei weiter in Richtung Meer. Der Pfad windet

und schlängelt sich stellenweise um Felsformationen herum und führt mehrfach auf Trittsteinen über den Wasserlauf. Die engste Stelle der Schlucht ist nicht zu übersehen. Hier an den berühmten »Eisentoren« (Sideroportes; Foto Seite 23) ragen die Felswände beiderseits 600 m schroff auf. Danach öffnet sich die Landschaft. Eventuell muß man hier die Schuhe ausziehen und den Fluß Tarraios durchwaten. Im Winter führt er so viel Wasser, daß die Schlucht gesperrt werden muß.

Zwei Kilometer vor dem Ende der Wanderung kommen Getränke- und Andenkenkioske; hier werden auch die Eintrittskarten überprüft. Vielleicht etwas erschöpft erreichen wir schließlich Agia Rouméli. Bei einem Bad im Meer können wir uns erfrischen, ehe wir die einstündige Bootsfahrt nach Hora Sfakion antreten (siehe das Foto auf Seite 110). Erschöpft oder nicht, darf man stolz auf sich sein, es geschafft zu haben; die herrliche Wanderung durch die Samariaschlucht ist ein unvergeßliches Erlebnis.

22 VON AGIA ROUMELI NACH LOUTRO

Die Karte setzt sich auf Seite 106 fort; siehe auch das Umschlagfoto
Entfernung/Gehzeit: 15 km; 4Std35Min
Schwierigkeitsgrad: Mittelschwer bis anstrengend. Es muß etwas geklettert werden, aber es gibt keine nennenswerten Auf- oder Abstiege. Die Route ist mit E4-Zeichen markiert.
Ausrüstung: Feste Schuhe, Sonnenhut, Proviant, Getränke, Badesachen
Anfahrt: 🚌 nach Hora Sfakion (Fahrplan 4); Fahrzeit etwa 2 Std. Weiterfahrt mit dem ⛴ nach Agia Roumeli; Abfahrt Hora Sfakion 9.30, 10.15, 11.00, 15.30, 17.00 Uhr; Fahrzeit 1Std30Min.
Rückfahrt: ⛴ von Loutro nach Hora Sfakion; Abfahrt 16.30, 17.45 Uhr; Fahrzeit 30 Min. Weiterfahrt mit dem 🚌 nach Hania (Fahrplan 4); Fahrzeit etwa 2 Std.
Variante: Man kann diese Wanderung mit Wanderung 21, 23 oder 24 verbinden.

D ie herrliche Küstenwanderung von Agia Roumeli nach Hora Sfakion läßt sich gut in zwei Abschnitte aufteilen und ist hier entsprechend beschrieben. Ob man nun die gesamte Wanderung unternimmt oder nur einen Abschnitt geht, sollte man doch auf jeden Fall früh aufbrechen, um die kühlen Morgenstunden zu nutzen und den Sonnenaufgang zu erleben.

Auf dem ersten Abschnitt der Wanderung gibt es reichlich Schatten — ganz im Gegensatz zu der Strecke von Loutro nach Hora Sfakion. Links erheben sich hohe Felswände, die teils bis

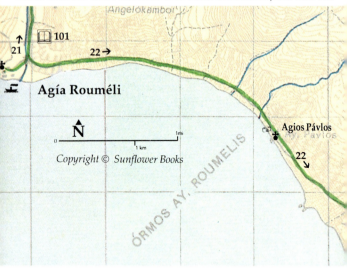

an den Pfad heranreichen, teils eindrucksvoll etwas zurückversetzt liegen. Weiter ostwärts kommen wir an Stränden vorbei, wandern auf dem Nadelteppich unter Kiefern und atmen deren betörenden Duft ein, folgen ungefährlichen Pfaden hoch an den Klippen und klettern über Felsbrocken, während uns auf der rechten Seite stets das glitzernde Meer begleitet. Wir legen eine

Im Loutro kann man eine Pause machen oder auch übernachten.

ziemlich weite Strecke zurück und haben unterwegs gute Badegelegenheiten. Agia Roumeli ist ein sehr schöner Ort, um zu übernachten, nachdem die Wanderer von der Samariaschlucht mit dem letzten Boot abgefahren sind. Dies gilt auch für Loutro.

    Von der Ortsmitte in Agia Roumeli gehen wir **zunächst** zwischen dem Hotel Samaria und dem Haus »Tara Rooms for Rent« vom Meer weg und auf die Mündung der Samariaschlucht zu. Am Ortsrand gelangen wir auf einen geröligen Fahrweg, der in einem Bogen die Ortschaft verläßt. Das Flußbett, das aus der Schlucht herausführt, liegt rechts. Zwischen einer alten Brücke und dem Meer überqueren wir das Flußbett auf Trittsteinen. Dahinter folgen wir dem markierten Pfad. Schließlich kommt die kleine Kirche Agios Pavlos (**1Std25Min**). Ungefähr an der **3Std 40Min**-Stelle, wo der Pfad hoch an einer Felswand verläuft, hat man eventuell mit Schwindelgefühlen zu kämpfen. Während wir uns Loutro nähern, bietet sich ein herrlicher Blick auf die Burgruine, die sich in beherrschender Lage über das tiefblaue Meer erhebt. Schließlich erreichen wir die Ortschaft (**4Std35Min**).

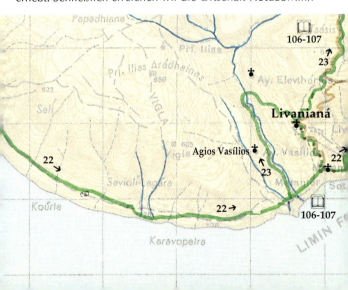

23 LOUTRO UND DIE ARADHENASCHLUCHT

Siehe auch das Umschlagfoto und die Fotos auf den Seiten 31 und 103
Entfernung/Gehzeit: 15 km; 6 Std.
Schwierigkeitsgrad: Leicht, aber es gibt teilweise ziemlich steile Auf-/Abstiege über 650 Höhenmeter. Man muß trittsicher und schwindelfrei sein (Schwindelgefahr). Die Route ist teilweise mit E4-Zeichen markiert.
Ausrüstung: Feste Schuhe, Sonnenhut, Proviant, Getränke, Badesachen
Anfahrt: 🚌 nach Hora Sfakion (Fahrplan 4); Fahrzeit etwa 2 Std. Weiterfahrt mit dem ⛴ nach Loutro; Abfahrt 10.30, 12.00, 14.00, 16.50, 18.15 Uhr; Fahrzeit 30 Min.
Rückfahrt: ⛴ von Loutro nach Hora Sfakion; Abfahrt 16.30, 17.45 Uhr; Fahrzeit 30 Min. Weiterfahrt mit dem 🚌 von Hora Sfakion; Abfahrt jeweils 30 Min. nach Ankunft des Bootes von Agia Roumeli.
Kürzere Wanderung: Loutro — Aradhenaschlucht — Livaniana — Loutro (8 km; 3Std15Min). Schwierigkeitsgrad, Ausrüstung, An-/Rückfahrt wie oben (aber nur der halbe Aufstieg). Man folgt der Hauptwanderung 2Std15Min bis zum Ortsrand von Livaniana. Statt hier scharf nach links zu biegen, geht man zwischen den Häusern von Livaniana bergab. Bei den wenigen letzten Häusern im unteren Ortsteil erreicht man einen Weg und folgt ihm zu den Phoenix-Tavernen hinab. Dann kehrt man auf demselben Weg nach Loutro zurück.
Variante: Zunächst wandert man die Samariaschlucht hinab und übernachtet dann in Agia Roumeli und/oder Loutro. Auf diese Weise kann man die Wanderungen 22 und 24 mit dieser Wanderung verbinden.

Auf dieser Wanderung lassen sich das Meer, eine Küstenortschaft, eine Schlucht und ein Bergdorf wunderbar miteinander verbinden. Die Tour kann man in beide Richtungen unternehmen, doch hier ist sie so beschrieben, daß man Zweidrittel der Strecke die Schlucht hinaufwandert (dabei sieht man den schönsten Teil von ihr) und dann *bergab* nach Loutro *zurückkehrt*, da dieser Abschnitt lang, steil und exponiert ist. Falls man jedoch in Loutro übernachtet, wird man zweifellos auf Leute treffen, die nach Anopolis *hinauf*wandern und dann die Aradhenaschlucht *hinab*gehen. Bei diesem Abstieg muß man eine Stahlleiter, die an der Felswand befestigt ist, 20 Sprossen hinabsteigen. Für behende Wanderer, die nicht schwindelanfällig sind, ist dies kein Problem, aber man darf hier keinen falschen Tritt machen.

Ausgangspunkt ist der Hafen von Loutro. Wir kommen von der betonierten Landungsbrücke und halten zwischen zwei Tavernen (links von der ΜΑΔΑΡΕΣ-Taverne) oberhalb einiger Stufen nach einem Wegweiser Ausschau, der uns nach »Phonix« weist. Wir gehen hinauf; der Pfad führt steil im Zickzack den Hang empor und verläßt Loutro nach Westen. Am oberen Ende des Pfades wenden wir uns nach rechts, folgen weiteren Wegweisern nach Phoenix und überqueren ein flaches felsiges Gebiet. Links erhebt sich die Burgruine von Loutro auf einer Landzunge. Unser Pfad folgt der Mauer, die diese Ruine umgibt, und führt zur Hangkuppe. Rechts vor uns am Hang liegt das Dorf Livaniana, das wir im späteren Verlauf der Wanderung streifen werden. Bald können wir vor uns den gesamten Verlauf unserer Wanderroute an der Küste erkennen.

Es geht nun bergab, und Phoenix kommt in Sicht, eine

Wanderung 23: Loutro und die Aradhenaschlucht 105

Ansammlung von blau-weißen Tavernen und Zimmervermietungen. Dahinter folgt die Wanderroute einem Weg in Kehren hinab. Am Ortsschild von Phoenix, wo es auch ein auffälliges E4-Zeichen gibt, halten wir uns an der Verzweigung rechts. Der Pfad führt hinter die Tavernen; eine weißgetünchte Kirche mit zwei Palmen bleibt links unten liegen. Unmittelbar nach der Kirche gehen wir schräg über einen holprigen Fahrweg, der mit leuchtendblauen Dreiecken markiert ist und von Livaniana herabführt (dies ist der Rückweg der kürzeren Wanderung). Wir wandern auf dem gut markierten E4-Pfad in Richtung Küste weiter; die Dreiecke, die den Fahrweg markieren, bleiben unbeachtet. Bald haben wir die nächste kleine Landspitze überquert (hier gibt es weitere Tavernen mit Zimmervermietung) und sind unten am Meer; dies ist Likkos.

Wir wandern geradeaus weiter bergab, dicht rechts an den Felsen entlang. Zwischen der Häuserzeile gehen wir hinunter

Oberhalb der Schlucht erhebt sich die alte Kirche von Aradhena.

(**30 Min**). Der Pfad führt einige Betonstufen über die Terrassen von Tavernen hinab und verläuft dann über einen flachen, kiesigen Abschnitt hinter einem Strand. Das letzte Gebäude ist ein Restaurant. Wir wandern am Strand entlang zur nächsten Bucht. Auf deren gegenüberliegenden Seite gibt es ein E4-Zeichen. Hier steigen wir auf Stufen, die aus dem Fels gehauen sind, steil die Klippen empor. Man muß hier aufpassen, da der Pfad hinter einer Höhle scharf nach rechts ansteigt. Dort, wo der Pfad nur schwer erkennbar ist, helfen gelbe Farbkleckse bei der Orientierung. Für schwindelanfällige Personen ist dieser Abschnitt der Wanderung am schwierigsten. Jenseits der nächsten Landspitze blicken wir auf den Marmara-Strand (»Marmorstrand«) hinab; dahinter liegen einige Gebäude und ein Kirchlein. Der Pfad führt in ein flacheres Gelände hinab und biegt links zum Strand (**1 Std 15 Min**). Das kristallklare Wasser ist sehr verlockend.

Ab hier lassen wir die E4-Zeichen *unbeachtet*, die nun an der Küste entlangführen. Stattdessen wenden wir uns landeinwärts und folgen einem Bachbett in die Mündung der Aradhenaschlucht. Die Umgebung wechselt rasch; beiderseits erheben sich hohe Felswände, die kühlen Schatten spenden. Nach fünf Minuten in der Schlucht erblicken wir am Fuße der herrlichen rechten Felswand eine Höhle. Wir folgen den Windungen des verschlungenen Bachbetts. Dann scheint uns ein riesiger Felsklotz den Weg zu versperren (**1 Std 25 Min**); vielleicht ist dies der Brocken, der aus dem Berghang herausgebrochen ist und die Höhle geschaffen hat? Rechts von dem Felsklotz folgen wir rotblauen Wegzeichen und klettern fünf Minuten lang über eine gewaltige Geröllhalde. Um danach wieder ins Bachbett hinunterzukommen, gehen wir auf die linke Felswand zu. Steinmännchen markieren die Route zurück ins Bachbett, wo wir uns

Wanderung 23: Loutro und die Aradhenaschlucht

wieder den roten Wegzeichen anschließen. Wir wandern durch Gebüsch weiter. Die Wegzeichen geleiten uns um eine weitere Geröllhalde (**1Std35Min**), während wir steiler ansteigen.

Ein Wassertrog und ein großer Oleanderstrauch bilden ein schönes Rastplätzchen zwischen den Felsen (**1Std40Min**). Danach halten wir auf der linken Seite der Schlucht nach Wegzeichen Ausschau, die bergaufweisen (weg vom Wassertrog) und uns erneut klettern lassen. Wir folgen aufmerksam den Wegzeichen; sie sind sehr zuverlässig. Fünf Minuten hinter dem Wassertrog verflacht sich der Pfad, und die Landschaft öffnet sich. Links kommt ein Felsbrocken mit roter, gelber und blauer Farbmarkierung in Sicht. Wir folgen dem gelben Pfeil, der nach Livaniana weist, nach rechts. Während wir auf der rechten Seite der Schlucht ansteigen, gehen wir um einen großen Olivenbaum. Die gelben Wegzeichen werden von blauen Zeichen abgelöst, während sich der Pfad zwischen alten terrassierten Olivenhainen emporschlängelt und auf die rechte Felswand zuführt.

Der Pfad führt bis zum Fuße der Felswand und steigt dann steil zu einer Einfriedung an; ein Maschendraht verläuft auf der Außenmauer. Wir gehen links dicht daran vorbei und wandern zwischen weiteren Hangterrassen bergauf. Dann gehen wir rechts zwischen zwei hölzernen Torpfosten durch eine Mauerbresche (**2Std10Min**) und folgen weiter den Wegzeichen. Nach einigen Minuten biegt der Pfad nach links und folgt einer Steinmauer. Eine Minute später bietet sich ein wunderschöner Blick auf die Küste hinab; wenige Meter vor uns steht die Kirche von Livaniana (**2Std15Min**). Dies ist der obere Ortsteil des beinahe vollständig verlassenen Dorfes Livaniana, und wir befinden uns an einer Verzweigung. *Die Kürzere Wanderung führt hier geradeaus durch Livaniana hinunter.*

Die Hauptwanderung biegt *scharf nach links* und umgeht das Dorf: Wir begeben uns zwischen die Mauer mit dem Maschendraht (links) und den Drahtzaun (rechts) und bemerken ein rotes Wegzeichen. Der felsige Pfad steigt auf der rechten Seite einer Mauer an, und wir wandern an der Mauer entlang. Nachdem die ummauerte und eingezäunte Einfriedung endet, setzt sich der Pfad geradeaus fort. An dieser Stelle erreichen wir einen Felsen, wandern entlang der Anhöhe weiter und treffen auf eine weitere Steinmauer. Wir halten uns links davon und überqueren ein offenes Gelände; das Meer ist nun wieder in Sichtweite. Vor uns können wir die Steinmauern erkennen, die unseren

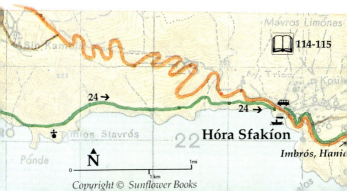

weiterführenden, am Hang ansteigenden Pfad stützen.

In einem flacheren Gebiet verläuft sich der Pfad ein bißchen (**2Std35Min**). Hier und auch danach, während der Pfad wieder in Kehren ansteigt, achten wir sorgsam auf die Wegzeichen. Häufig sind hier Adler zu sehen, die etwas Ablenkung von den Mühen dieser Wanderung bieten; wahrscheinlich sind sie sogar zum Greifen nah. Vor uns erkennen wir einen Fahrweg (Staubstraße), der quer über den Hang verläuft. Nach einem ziemlich steilen Anstieg mündet unser Pfad auf ihn ein (knapp **3Std**). Wir gehen diese Staubstraße nach links und folgen ihr um eine Rechtsbiegung. Obwohl Staubstraßen normalerweise ziemlich langweilig zu gehen sind, bieten sich uns herrliche Ausblicke auf Livaniana und die Strände hinab; wir können Likkos, Phoenix und einen Teil von Loutro erkennen. Wir folgen der Straße über die Anhöhe auf ein Plateau.

Nach 18 Minuten auf dieser Staubstraße gehen wir um eine Biegung und haben einen wunderschönen Blick auf die Weißen Berge; störend ist einzig ein Betonstall im Vordergrund. Wir gehen an diesem Stall vorbei und lassen direkt davor eine Rechtsabzweigung unbeachtet. Zehn Minuten später, nachdem die Straße hinter dem Stall landeinwärts gebogen ist, gehen wir direkt auf die Berge zu. Linker Hand liegen Viehpferche in dem öden, mit Steinen übersäten Weideland.

Die Häuser und die alte Kirche von Aradhena kommen in Sicht (**3Std45Min**). Wir gehen auf die Kirche zu; direkt an einer Verzweigung erblicken wir links eine Eisenbrücke, die Zugang zu dem Dorf gewährt. Das Foto auf Seite 105 entstand an dieser Stelle. (Es lohnt sich, nach links einen Abstecher in das Dorf zu machen. Es ist zwar größtenteils verlassen, aber es gibt Anzeichen von Renovierungsarbeiten. Bis 1986 war Aradhena nur über einen steilen Eselspfad erreichbar, der unten an der Seitenwand der Schlucht erkennbar ist. Der Kirchhof ist ein schönes schattiges Rastplätzchen. Die Zeit für diesen Abstecher ist in der Gehzeit nicht berücksichtigt.)

Die Hauptwanderung führt an der Verzweigung nach rechts. Nach drei Minuten, direkt vor einer Steinmauer, folgen wir rechts einem Weg unter einer Stromleitung hindurch. Nach etwa 50 Schritten halten wir links aufmerksam nach einem Steinmännchen Ausschau, das fast direkt unter der Stromleitung steht — direkt vor einer Mauer, auf der sich rote Wegzeichen befinden. Wir folgen der Mauer und biegen unter einem uralten Olivenbaum nach links. Nun befinden wir uns auf einem holprigen alten Pflasterweg. Eine Viertelstunde nach der Verzweigung bei Aradhena kommen die Häuser von Anopolis in Sicht (der Ortsname wird immer noch mit einem »s« am Ende geschrieben, aber Anopoli ausgesprochen). Ungefähr an dieser Stelle endet die Pflasterung unvermittelt, aber der Verlauf des markierten Pfades bergab ist eindeutig. Wir folgen ihm zwischen Steinmauern und biegen nach links. Alsbald (wo der Pfad auf einen Zaun trifft) gehen wir nach links auf die Häuser von Anopolis zu. Der Pfad

Wanderung 23: Loutro und die Aradhenaschlucht

führt an Häusern vorbei, die rechts stehen; links befindet sich eine Steinmauer. An der nächsten Verzweigung, wo links Stufen ansteigen, gehen wir rechts auf der Betondecke weiter; der Ortsrand und die Berge liegen genau vor uns. Wir kommen rechts an einer kleinen Kapelle vorbei, die von schattigen Steineichen umgeben ist (Foto Seite 31), und biegen dann rechts auf eine Asphaltstraße. Das Ortsschild kommt an der linken Straße.

Nach einer Viertelstunde auf dieser Straße biegen wir an einer Verzweigung (links befindet sich hier eine Taverne) nach rechts, um den kreisförmigen Dorfplatz in Anopolis zu erreichen (**4Std20Min**). In der Mitte steht eine Statue des Daskalogiannis. Wir wenden uns nach rechts, achten oben an einer Mauer auf ein Schild »Loutro No Car« und folgen dieser Straße. Sobald wir das Ende des Dorfplatzes erreichen, wird die Asphaltierung von einer Betondecke abgelöst. Wir passieren die letzten Häuser, und der Weg beschreibt eine Spitzkehre. Hier biegen wir auf einen Weg, der links abzweigt. Nach 10 m können wir rechts einem Fußweg folgen, um eine Wegbiegung abzukürzen. Nachdem wir zwischen einigen Häusern angestiegen sind, gelangen wir wieder auf den Weg und folgen ihm nach links in Richtung Meer. Rückblickend bietet sich eine schöne Sicht über die fruchtbare Ebene um Anopolis.

Etwa 25 Minuten hinter dem Dorfplatz endet der Weg in einem flachen Gebiet. Wir gehen rechts auf einen Schrein zu. Geradeaus führt hier ein Pfad binnen 1Std15Min nach Loutro hinab. Zunächst machen wir jedoch einen sehr lohnenden, fünfzehnminütigen Abstecher, um einen noch phantastischeren Ausblick zu genießen. Dazu gehen wir vom Schrein steil nach rechts bergauf zu einer Kirche mit einer schönen Aussichtsplattform. Dann kehren wir zu dem Pfad zurück und wandern *vorsichtig* nach Loutro hinab; auf diesem Pfad (siehe das Umschlagfoto) müssen wir auf jeden Schritt achten. Zehn Minuten nach dem Schrein gehen wir an einem Pfad vorbei, der links nach Anopolis zurückführt. Einige Minuten später passieren wir eine Wasserzisterne und gelangen auf einen planierten Weg. Wir gehen ihn nach rechts hinab, bis nach etwa 100 m links Steinmännchen die Stelle markieren, wo wir wieder auf unseren Pfad gelangen. Nachdem wir wieder auf den Weg stoßen, zeigen weitere Steinmännchen uns die Fortsetzung (auf der anderen Wegseite). Der Pfad führt durch eine Senke. Etwa 25 Minuten später erreichen wir eine Verzweigung. Rechts geht es nach »Finix«, wir jedoch wandern *links* nach Loutro hinab. Eine Viertelstunde später kommen wir rechts an einem Schrein vorbei (Ausgangspunkt von Wanderung 24) und gehen rechts auf das Dorf zu. Wir klettern durch ein Weidegatter und sind fünf Minuten später wieder an unserem Ausgangspunkt (**6Std**). Ein Bad im Meer haben wir uns mehr als verdient!

24 VON LOUTRO NACH HORA SFAKION

Siehe die Karte auf Seite 106-107; siehe auch das Foto auf Seite 103 und das Umschlagfoto

Entfernung/Gehzeit: 6 km; 2 Std.

Schwierigkeitsgrad: Anstrengend. Es muß ein bißchen geklettert werden, obwohl es keine nennenswerten Auf- oder Abstiege gibt. Trittsicherheit und Schwindelfreiheit sind erforderlich (Schwindelgefahr). E4-Wegmarkierung. *Unterwegs sehr wenig Schatten.*

Ausrüstung: Feste Schuhe, Sonnenhut, Proviant, Getränke, Badesachen

Anfahrt: 🚌 nach Hora Sfakion (Fahrplan 4); Fahrzeit etwa 2 Std. Weiterfahrt mit dem ⛴ nach Loutro; Abfahrt 9.30, 10.15, 11.00, 15.30 und 17.00 Uhr; Fahrzeit 30 Min.

Rückfahrt: 🚌 von Hora Sfakion (Fahrplan 4; wie oben)

Variante: Man kann diese Tour mit Wanderung 22 verbinden (6Std 35Min) oder übernachtet in diesem Gebiet, um auch Wanderung 21 und 23 zu unternehmen.

Loutro ist eine wunderschöne, völlig abgelegene Ortschaft, die ideal zum Entspannen ist — insbesondere deshalb, weil es außer Schiffen keine Verkehrsverbindungen gibt. Wir werden die Wanderroute, die am Hang oberhalb der Küste nach Osten verläuft, von der Fähre aus sehen.

Vom Hafen am östlichen Ende der Meeresbucht gehen wir **zunächst** links von der Taverne Kri-kri hinauf. Der Küstenpfad beginnt an einem gut erkennbaren Schrein. (An dieser Stelle kommt Wanderung 23 in Kehren den Hang hinab.) Schwindelgefahr droht, wo der Pfad nahe der Abbruchkante der Klippen verläuft, die steil zum Meer abfallen (**15Min**), sowie danach, wo der Pfad über sandiges Geröll führt (**30Min**). Etwa 40 Minuten vor Erreichen von Hora Sfakion (**1Std 20Min**) verläuft der Pfad auf mindestens 70 m Meereshöhe; rechts befindet sich ein Steilabfall. Dieser Abschnitt dauert 10-12 Minuten.

Der Pfad mündet auf die Biegung einer Asphaltstraße ein, und wir gehen rechts nach Hora Sfakion weiter (**2Std**). Hier können wir eine Pause machen, ehe wir mit dem Bus nach Hania zurückfahren.

Blick auf Hora Sfakion vom Meer aus. Es gibt regelmäßige Schiffsverbindungen nach Loutro, Agia Roumeli, Sougia und Paleohora.

25 IMBROSSCHLUCHT • KOMITADES • HORA SFAKION

Siehe die Karte auf Seite 114-115; siehe das Foto gegenüber und auf Seite 12

Entfernung/Gehzeit: 11 km; 3Std50Min

Schwierigkeitsgrad: Ziemlich leichter Abstieg über 600 Höhenmeter in einer Schlucht.

Ausrüstung: Feste Schuhe, Sonnenhut, Proviant, Getränke, Badesachen

Anfahrt: 🚌 Richtung Hora Sfakion bis Imbros (Fahrplan 4); Fahrzeit etwa 1Std45Min. *Hinweis:* Auf der linken Seite im Bus bieten sich die besten Ausblicke.

Rückfahrt: 🚌 von Hora Sfakion nach Hania (Fahrplan 4); Fahrzeit 1Std45Min

Kürzere Wanderung: Imbrosschlucht — Komitades (7 km; 2Std50Min). Schwierigkeitsgrad, Ausrüstung, Anfahrt wie oben. Man folgt der Hauptwanderung bis nach Komitades und fährt von dort mit dem 🚌 nach Hora Sfakion (Fahrplan 16). Abfahrt in Komitades zwischen 15.30 und 16 Uhr; Fahrzeit 10 Min. Weiterfahrt mit dem 🚌 wie oben.

Diese herrliche Wanderung führt durch die friedvolle, kiefernbestandene Imbrosschlucht. Sie verengt und weitet sich stellenweise ganz gewaltig, ehe wir die Südküste und das Meer erreichen. Die Busfahrt ist ziemlich lang, da sie auf einer kurvenreichen Strecke von der Nord- zur Südküste und dann wieder zurück verläuft, aber unterwegs bekommt man viel von der kretischen Landschaft zu sehen.

In der Ortschaft Imbros verlassen wir den Bus. **Zunächst** gehen wir in Fahrtrichtung nach Süden. Am Ortsende, direkt neben einem Schrein auf der linken Straßenseite, biegen wir scharf links auf einen absteigenden Fahrweg. Er entfernt sich vom Ort und wird zum Fußweg, wo er auf ein Bachbett stößt. Der Bach — wenn er denn Wasser führt — strömt von hier durch die Schlucht zum Meer. Wenn man sich erst einmal auf der Wanderroute befindet, ist es praktisch unmöglich, sich zu verlaufen.

Wir gehen rechts weiter und befinden uns sehr bald in der Schlucht. Ringsum gedeiht das Strauchige Brandkraut, das im Frühling und Frühsommer besonders auffällt. Die Wanderroute führt bis zur Küste. Teils verläuft der Pfad in der Schlucht, teils daneben, um große Felsbrocken zu umgehen. Überall kann man hier schön picknicken (Picknick 25; Foto Seite 12). Kurzzeitig folgen wir einem Eselspfad (**50Min**). Es geht leicht voran. Wir passieren einen Viehstall mit Wassertrog (**1Std30Min;** im Sommer trifft man hier eventuell auf einen jungen Mann, der Getränke verkauft). Schließlich (**2Std20Min**) sehen wir vor uns in mittlerer Entfernung die Südküste und das Meer. Auch die venezianische Festung Frangokastello (14. Jh.) ist erkennbar.

Die Landschaft hat sich unterdessen geöffnet (**2Std30Min**). Rechts sehen wir einen verblaßten Markierungspfeil neben einem Pfad, der von Steinmauern gesäumt ist. Wir folgen dem Pfad, der uns zur Hauptstraße führt. Linker Hand liegt die Ortschaft Vraskas. Wir steigen zur Straße hinunter und folgen ihr rechts bis nach Komitades (**2Std50Min**). Entweder warten wir hier auf einen

112 Landschaften auf Westkreta

Bus (Kürzere Wanderung) oder wandern eine Stunde bis nach Hora Sfakion weiter. Dazu gehen wir zehn Minuten auf der Straße weiter, bis wir auf die Hauptstraße nach Hora Sfakion stoßen, und biegen links auf sie ein. Man kann auch an dieser Straßeneinmündung auf den Bus nach Hania warten, aber wenn er voll besetzt ist, wird er hier vielleicht nicht halten. Schließlich erreichen wir das Ortszentrum von Hora Sfakion (**3Std50Min**). An dem kleinen Hafen gibt es zahlreiche Kafeneions und Tavernen.

26 ASKYFOU • ASFENDOS • AGIOS NEKTARIOS

Siehe das Foto gegenüber
Entfernung/Gehzeit: 15 km; 5Std15Min
Schwierigkeitsgrad: Mittelschwer. Aufstieg über etwa 400 Höhenmeter und Abstieg in einer Schlucht über 950 Höhenmeter.
Ausrüstung: Feste Schuhe, Sonnenhut, Proviant, Getränke
Anfahrt: 🚌 Richtung Hora Sfakion bis nach Kares (Fahrplan 4); Fahrzeit etwa 1Std20Min.
Rückfahrt: 🚌 von Agios Nektarios nach Hora Sfakion (nicht in den Fahrplänen aufgeführt; Abfahrt täglich 16 Uhr); Fahrzeit 20 Min. Weiterfahrt mit dem 🚌 nach Hania (Fahrplan 4); Fahrzeit etwa 2 Std.

Diese Tour gehört zu den Lieblingswanderungen unserer Autorinnen. Eine schöne, wenn auch lange Busfahrt läßt sich mit einer Wanderung über die reizvolle Askyfou-Ebene (Foto gegenüber) und durch leichtes Bergland verbinden. Zuletzt führt uns ein Abstieg durch eine Schlucht zum Meer hinab. Die Busfahrt verläuft auf derselben Straße, auf der 1941 Tausende kriegsmüder Soldaten marschierten, als sie sich unter erbarmungslosen deutschen Luftangriffen zur Südküste zurückzogen. Die Wanderung führt uns durch eine herrliche kretische Landschaft. Sie ist zu jeder Jahreszeit sehenswert, ganz besonders aber im Frühling, wenn die Askyfou-Ebene mit Mohnblumen gesprenkelt ist und in der Schlucht das Gelb des Strauchigen Brandkrauts leuchtet.

Nachdem sich der Bus über die Hügel geschlängelt hat und links unten die Askyfou-Ebene in Sicht kommt, müssen wir uns auf den Ausstieg vorbereiten. Ehe wir aussteigen, fährt der Bus an einem auffälligen alten türkischen Fort vorbei, das strategisch auf einer Anhöhe inmitten der Ebene steht. Dann passiert der Bus das Ortsschild von Askyfou. Wir steigen an einer Straßenverzweigung aus; der Bus fährt geradeaus weiter.

Zunächst überqueren wir die Hauptstraße und nehmen die Linksabzweigung. Wir wandern nach Süden hinab auf einen Weiler und die unterhalb davon gelegene Ebene zu. An der nächsten Verzweigung haben wir den Weiler Kares erreicht und biegen links auf einen betonierten Weg. An einem Telefonmast verzweigt sich der Weg (**10Min**), und an der Ecke steht ein Walnußbaum; wir biegen links ab. Dieser Weg wird uns an Gemüsegärten vorbei, die von den Dorfbewohnern von Askyfou bewirtschaftet werden, über die Ebene führen. Binnen weniger Minuten kommen wir an einem holprigen und steinigen Weg vorbei, der links abbiegt; auch unser Weg wird nun steinig. Wir wandern rechts an einem Brunnen vorbei. Bald kommt eine Wegkreuzung, an der wir nach links in Richtung des türkischen Forts weitergehen.

Wir stoßen auf eine Asphaltstraße (**20Min**), der wir nach links folgen. Links liegt eine Kirche, deren Friedhof wie üblich von Zypressen umgeben ist. Die Straße steigt an, während wir uns

Links: Von der mit Mohnblumen übersäten Ebene von Askyfou (Wanderung 26) fällt der Blick nach Westen auf die Weißen Berge.

dem nächsten Ort namens Seli nähern. Ein betonierter Weg führt uns nach rechts um den Ort und endet bei einem alten Gebäude mit einer Doppeltür aus Metall; auf die Hauswand ist die Nummer 20 gemalt. Rechts von dem Gebäude gehen wir geradeaus auf dem Feldweg weiter. Wir bleiben auf diesem Weg, der sich in einer Biegung von Seli entfernt, und genießen einen wunderschönen Ausblick (Foto Seite 112). Es geht geradeaus weiter, vorbei an einem zunächst rechts, dann links abzweigenden Grasweg. Seli liegt nun genau hinter uns.

Wir wandern bis zu einem Querweg (**1Std**) und gehen hier links weiter (roter Pfeil; auf einem Felsbrocken steht in Griechisch »Asfendos«). Nach einigen Minuten Anstieg verlassen wir den Weg und biegen links auf einen Pfad ab (**1Std10Min**). Wir folgen weiter den Wegzeichen. Der Pfad steigt an, bis er sich in einem offenen Wiesengelände verflacht (**1Std30Min**). Sieben Minuten später verzweigt sich der Pfad; wir halten uns links (roter Pfeil). Vor uns am Hang stützen einige Steinmauern den weiterführenden Pfad. Wir steuern diese Steinmauern an und folgen dem Pfad an einem Wassertrog vorbei und unter zwei großen Kermeseichen hindurch. Es geht jetzt bergauf und links auf dem mauerngestützten Abschnitt weiter. Hier verbreitert sich der Fußweg und führt in Kehren zur Anhöhe empor.

Auf einem gut angelegten Pfad (**1Std45Min**) beginnt unser allmählicher Abstieg zum Meer. Es ist offensichtlich, daß die Anlage dieses Pfades mit viel Arbeit verbunden war. Wir wandern weiter bergab. Es geht über ein offenes Wiesengelände, vorbei an einem Viehstall und einer Baumgruppe (links etwas zurückversetzt gelegen). Sobald wir das flache Weideland überquert haben, sehen wir zum ersten Mal in der Ferne das Meer. Hier beginnt ein steiniger Weg, doch können wir den Pfad nehmen, der rechts davon abzweigt. Er führt bergab und stößt nach zehn Minuten erneut auf den Weg. Wir überqueren den Weg und suchen wieder den ziemlich unscheinbaren Pfad. (Es lohnt sich, dem Pfad zu folgen, da er einen direkteren Verlauf nimmt und einige Wegbiegungen abschneidet.) Wir kommen rechts an einem Wasserreservoir vorbei (**2Std25Min**), bleiben auf dem Weg und gehen auf den V-förmigen Einschnitt der vor uns liegenden Schlucht zu.

In einer Wegbiegung kommen die recht schlichten Häuser von Asfendos in Sicht (**2Std40Min**). Die Dorfkirche steht hoch oben rechts. Einige Minuten später gehen wir durch ein Viehgatter aus Maschendraht und biegen links auf einen anderen Schotterweg. In der ersten Biegung (links steht hoch oben ein Haus) nehmen wir den holprigen Weg, der rechts vom Hauptweg abbiegt. Wir verlassen Asfendos und nehmen den felsigen Pfad, der sogleich links vom Weg abzweigt. Etwa sieben Minuten lang begleiten uns beiderseits Mauern, auf denen man alte verblaßte Wegmarkierungen erkennen kann.

Wir wandern geradeaus bergab, lassen alle seitlich abzwei-

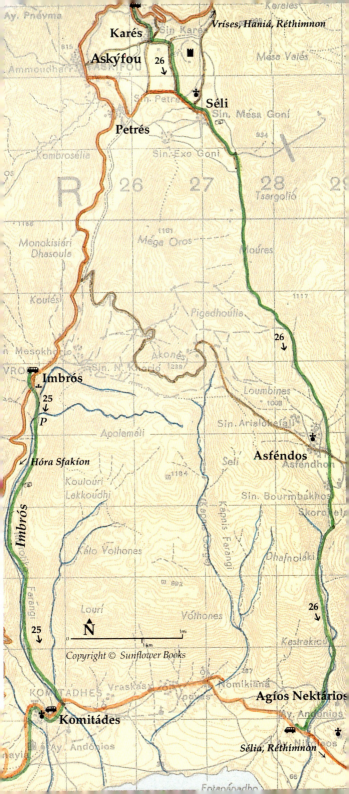

genden Pfade unbeachtet und achten darauf, daß uns zunächst beiderseits, später zumindest auf einer Seite Mauern begleiten. Während wir uns der Schlucht nähern, öffnet sich der V-förmige Einschnitt in der Ferne nach links und sieht jetzt wie ein »U« aus. Unser Pfad ist dicht von Strauchigem Brandkraut gesäumt, im Frühling ein leuchtendgelbes Blütenmeer. Etwa eine halbe Stunde hinter Asfendos ist deutlich zu erkennen, daß ein Teil dieses Pfades früher gepflastert war. Wir können jetzt die Schlucht deutlich vor uns erkennen. Zehn Minuten später (**3Std20Min**) sehen wir durch die Kluft das Meer; rechts kommt Steingeröll in unser Blickfeld. Nach weiteren fünf Minuten passieren wir einen markierten Felsbrocken. Der Pfad beschreibt dann eine Doppelkehre und schlängelt sich den Hang hinab. Obwohl wir hoch oben sind, ist die Schlucht doch soweit abgestuft, um keine Schwindelgefühle hervorzurufen.

Wir wandern weiter in Serpentinen den Hang hinab und kommen eventuell an Ziegen oder Schafen vorbei. Anderthalb Stunden hinter Asfendos (**4Std10Min**) können wir unterhalb von uns den Strand und das Meer sehen. Zehn Minuten, nachdem wir den Strand erblickt haben, folgen wir dem Pfad in einer Linksbiegung und dann in Serpentinen den Hang hinab. Ein kleinerer Pfad, der über die Seitenwand der Schlucht verläuft, bleibt unbeachtet. Unser Pfad schwenkt an einer Hirtenhütte mit Metalltür vorbei, die in den Berghang hineingebaut ist. Drei Minuten später führt unser Pfad durch einen Viehpferch. An allen Verzweigungen gehen wir einfach in derselben Richtung weiter am Rande der Schlucht hinab. Bald führt unsere Wanderroute kreuz und quer durch das ausgetrocknete Flußbett. Zehn Minuten später sind wir wieder hoch oberhalb des ausgetrockneten Flußbetts.

Etwa 2Std20Min hinter Asfendos (**5Std**) verzweigt sich der Pfad, und wir gehen rechts weiter. Nach einigen Minuten kommt von rechts ein Zaun. Der Pfad führt zu einem schotterartigen Gelände hinab; links steht ein Betongebäude. Wir gehen an dem Gebäude vorbei und dann zwischen den wenigen Häusern von Agios Nektarios zur Südküstenstraße. Links steht eine Kirche.

Wir folgen der Hauptstraße kurz nach rechts, bis links ein Kafeneion kommt (gegenwärtig schlammgrün angestrichen; **5Std15Min**). Ungefähr um 16 Uhr kommt ein Bus nach Hora Sfakion. Falls man ihn verpaßt, kann man im Kafeneion telefonisch ein Taxi bestellen oder eventuell per Anhalter fahren.

27 RUNDWANDERUNG ÜBER DAS KLOSTER PREVELI

Entfernung/Gehzeit: 18 km; 5Std15Min
Schwierigkeitsgrad: Leicht bis mittelschwer. Auf-/Abstiege über etwa 250 Höhenmeter.
Ausrüstung: Feste Schuhe, Sonnenhut, Proviant, Getränke, Badesachen, passende Kleidung für den Klosterbesuch (lange Hosen bzw. langer Rock).
Anfahrt: 🚌 nach Rethimnon (Fahrplan 1); Fahrzeit 1 Std. Weiterfahrt mit dem 🚌 nach Asomatos (Fahrplan 15); Fahrzeit 35 Min. Beim Busfahrer sollte man die Abfahrtszeit für die Rückfahrt nachfragen.
Rückfahrt: 🚌 von Asomatos nach Rethimnon (Fahrplan 15); Fahrzeit 35 Min. (Abfahrt in Asomatos wenige Minuten nach der Abfahrt von Plakias ab.) Weiterfahrt mit dem 🚌 nach Hania (Fahrplan 1); Fahrzeit 1 Std.
Kürzere Wanderung: Asomatos — Kloster Preveli (10 km; 3 Std.). Leicht; hauptsächlich ein Abstieg über 250 Höhenmeter. Ausrüstung und Anfahrt wie oben. Man folgt der Hauptwanderung zum Kloster Preveli, von wo man mit dem 🚌 nach Rethimnon fahren kann (Fahrplan 14; *nur im Sommer*); Fahrzeit 45 Min.

D**iese** wunderschöne Rundwanderung ist ziemlich lang. Wenn man sich nicht daran stört, per Anhalter zu fahren oder eine zusätzliche Busfahrt zu machen, kann man die Tour jedoch an verschiedenen Stellen abkürzen... falls die Hitze allzu sehr ermüdet oder das faule Strandleben allzu sehr lockt.

Die Wanderung beginnt in Asomatos, das nahe dem Anfang

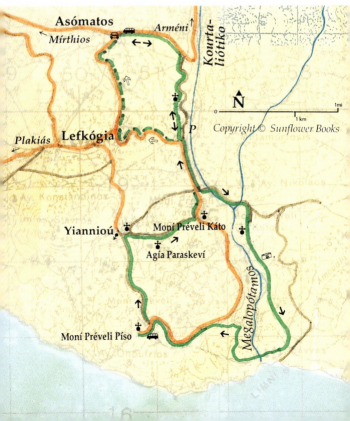

118   Landschaften auf Westkreta

der Kourtaliotikoschlucht liegt. In der Ortsmitte an der beschilderten Abzweigung zum Kloster Preveli (8 km nach Süden) verlassen wir den Bus. **Zunächst** gehen wir auf der Asphaltstraße in Richtung der Schlucht zurück. Unmittelbar bevor sie links in die Schlucht biegt (**10Min**), gehen wir scharf rechts einen betonierten Weg hinab. Nach etwa sechs Minuten steht links ein großes Fertighaus, in dem sich eine moderne Olivenpresse befindet, während rechts eine Wassermühle liegt. Wir gehen geradeaus auf dem nun holprigen Weg weiter, bis er nach sechs Minuten scharf nach links biegt. Hier wandern wir geradeaus auf einem ziemlich unscheinbaren Weg weiter und kommen links an einer alten steinernen Kapelle vorbei. Unser Weg ist jetzt ein überwucherter, aber gut begehbarer Pfad. Wir folgen ihm bergab, bis wir eine ehemalige Olivenpresse aus dem Jahr 1890 erreichen; ihre verfallenen Steinmauern dienen als Stall (**30Min**). Um ein herrliches Picknickplätzchen zu finden, gehen wir an der Vorderseite der Mühle vorbei und folgen einem Pfad durch eine Wiese zum Waldrand. Wir laufen etwa 20 Schritte links am Waldrand entlang und gehen dann rechts zum Megalopotamos hinab, einem der wenigen ganzjährig fließenden Flüsse Kretas (Picknick 27).

Dann kehren wir zu der als Stall genutzten Olivenpresse zurück und gehen in Fortsetzung des Pfades, auf dem wir gekommen sind, auf dem Feldweg nach Südwesten. Zwei Minuten später biegen wir links auf die Asphaltstraße, die parallel zum Fluß verläuft. Binnen etwa 10 Minuten (**1Std**) biegen wir nach links und überqueren eine Brücke vom Anfang des 19. Jahrhunderts, die in steilen Bögen über den Fluß führt. (Im Sommer gibt es hier eine behelfsmäßige Taverne.) Nun folgen wir dem Feldweg entlang der östlichen Flußseite. Nach 10 Minuten überqueren wir

Wanderung 27: Rundwanderung über das Kloster Preveli

eine Brücke und wandern auf dem rechten Weg weiter. Nach etwa fünf Minuten taucht rechts ein verfallenes Kloster auf. Wir verlassen den Weg, gehen durch ein Drahttor, passieren die Kapelle (das einzige intakte Gebäude) und biegen links in einen sehr kleinen Olivenhain. Nach etwa 40 m gehen wir durch einen Zaun und wandern auf einem Weg weiter, der in einen Geländeeinschnitt hinab und auf der anderen Seite wieder herausführt. Oberhalb des Flusses geht es in südlicher Richtung weiter.

Binnen 400 m verschmälert sich der Weg zum Pfad, und das Tal öffnet sich; vor uns können wir gerade die Seitenwände einer schmalen Schlucht erkennen (**1Std25Min**). Der Pfad, teilweise mit roten Wegzeichen markiert, ist deutlich erkennbar. An einer Verzweigung halten wir uns rechts (**1Std30Min**); gleich danach halten wir uns wiederum rechts. Zehn Minuten später, nachdem wir etwas angestiegen sind, machen wir einen kleinen Abstecher nach rechts zum Rand einer engen Schlucht hinab. Von hier bietet sich ein schöner Blick auf den weit unten liegenden Fluß, der von Palmen gesäumt ist. Es geht auf dem Hauptpfad weiter, und wir unterqueren einige Stromkabel (**1Std50Min**). Unmittelbar danach kommen das Meer und der Palmenstrand bei Kloster Preveli ganz in Sicht — ein *unglaublich* einladendes Bild.

Wir beginnen mit dem Abstieg und folgen den Steinmännchen sowie roten Wegzeichen (hier sind Behendigkeit und Trittsicherheit erforderlich). Auf dem östlich anschließenden Strand kommt eine große Taverne (mit Straßenzugang) in Sicht. Wir gehen zwar nicht in diese Richtung, wollen jedoch auf den Pfad gelangen, der die beiden Strände miteinander verbindet. An der ersten Verzweigung biegen wir nach links und entfernen uns von dem Palmenstrand. Der Pfad führt steil bergab und ist stellenweise unscheinbar, so daß wir auf die Steinmännchen achten müssen. Nachdem wir beinahe den Rand der Landspitze erreicht haben (30 m von einem Zaun entfernt), biegen wir nach rechts und achten auf die Steinmännchen. Un-

Links: Der Palmenstrand (Preveli-Strand), wo der Fluß Megalopotamos sich in das kristallklare Meer ergießt. Diese von Palmen gesäumte Oase kann in der Hochsaison sehr überlaufen sein, verliert aber nicht ihren Reiz.
Unten: Kloster Preveli.

mittelbar vor dem Meer biegen wir an der Verzweigung rechts auf den Pfad, der die beiden Strände miteinander verbindet. Fünf Minuten später erreichen wir den Palmenstrand (**2Std15Min**). Nach einem Bad im Meer und einer Rast waten wir durch den Fluß zur gegenüberliegenden Strandseite (im Sommer sind hier in der Cafébar Erfrischungen erhältlich) und beginnen den markierten Aufstieg auf der gegenüberliegenden Seite der Schlucht.

Nach etwa 20 Minuten gelangen wir auf eine Art Parkplatz. Dahinter liegt ein breiter Feldweg, der um ein eingezäuntes Gelände herumführt.* Um zum Kloster Preveli weiterzuwandern, biegen wir stattdessen auf einen Nebenweg, der vom Parkplatz nach links (genau nach Westen) führt. Wir laufen an einem kleinen zylinderförmigen Bauwerk (links) und einer Hirtenhütte (rechts) vorbei, ehe wir in kahles Gelände kommen, wo sich der Weg zu verlaufen scheint. Wir gehen geradeaus den Hang hinauf und gelangen wieder auf den Weg (**2Std45Min**). In der ersten scharfen Rechtsbiegung verlassen wir ihn und gehen geradeaus auf einem Pfad weiter. Binnen fünf Minuten mündet der Pfad auf die Hauptstraße ein, und Kloster Preveli kommt in Sicht, das nurmehr 10 Minuten entfernt ist. Am Kloster (**3Std**) können wir Wasser abfüllen und einen Rundgang machen, sofern wir angemessen gekleidet sind.

Nun gehen wir den Feldweg hinauf, der am »Rondell« vor dem Kloster beginnt. Nach etwa 20 Minuten erreichen wir einen Sattel (**3Std20Min**). Eine Viertelstunde später sind wir am Ortsrand von Yianniou. Etwa 70 m vor einem Brunnen bzw. einer Bar auf der linken Seite (unmittelbar vor Yianniou) gehen wir scharf rechts einen Weg hinab. Sogleich kommt eine Verzweigung bei einer weißgetünchten Kirche, an der wir nach rechts biegen (links geht es nach Yianniou hinauf). Fünf Minuten später biegt der Weg nach links und führt auf einer Anhöhe an der Kirche Agia Paraskevi vorbei. Unmittelbar nach dieser Kirche halten wir uns rechts bergab. Fünf Minuten später biegen wir an einer Verzweigung nach links (nach rechts ginge es auch zur Asphaltstraße hinab). Der Weg schlängelt sich durch eine schöne Landschaft und stößt auf die Asphaltstraße. Wir folgen ihr nach links; rechts liegt das verfallene Kloster Kato (»Unter-«) Preveli. Dieses ursprüngliche Kloster Preveli wurde während der Ottomanischen Eroberung verlassen.

Wir gehen 10 Minuten auf der Asphaltstraße weiter bis zur Brücke mit den steilen Bögen, die wir ursprünglich eine Stunde nach Beginn der Wanderung erreicht hatten (**4Std 15Min**). Von hier kehren wir entweder auf demselben Weg nach Asomatos zurück oder bleiben auf der Asphaltstraße; an der nächsten Verzweigung müssen wir dann nach rechts biegen. In beiden Fällen läuft man ungefähr eine Stunde (**5Std15Min**). Wahrscheinlich wird man auch ohne weiteres als Anhalter mitgenommen.

*Zum Zeitpunkt der Drucklegung gab es ein eingezäuntes Gelände, in dem Bäume gepflanzt wurden als Teil eines Projektes, das gesamte Gebiet in einen Nationalpark umzuwandeln.

28 ANO MEROS • GIPFEL TRIPITI • ANO MEROS

Siehe auch Foto Seite 125 **Entfernung/Gehzeit:** 8 km; 4Std20Min

Schwierigkeitsgrad: Ziemlich anstrengender Auf- und Abstieg über 550 Höhenmeter. Der abschließende Aufstieg ist nicht markiert; hier muß man etwas klettern und trittsicher sein.

Ausrüstung: Feste Schuhe, im Frühjahr lange Strümpfe/Hosen, Sonnenhut, Proviant, Getränke

An- und Rückfahrt: 🚗 nach Ano Meros und zurück; man parkt an der Hauptstraße nahe der Kirche. Falls man sich von Freunden nach Ano Meros bringen bzw. dort abholen lassen kann, kann man in einer Richtung auch einen 🚌 benutzen (nicht in den Fahrplänen aufgeführt; Fahrzeit 1Std30Min): Abfahrt Rethimnon 14.30 Uhr, Abfahrt Ano Meros 16 Uhr.

Hinweis: Falls man mit dem Auto anfährt, achte man auf die verfallene Kapelle Agios Ioannis Theologos (Foto Seite 34-35). Sie kommt zwischen Gerakari und Ano Meros auf der linken Straßenseite; Parkmöglichkeit gegenüber.

Kedros heißt der langgestreckte Berg auf der Westseite des Amaritals, der eine Höhe von 1775 m erreicht. Diese Wanderung führt an seiner Flanke zu einem Aussichtspunkt auf dem Nebengipfel Tripiti empor, von wo sich ein herrlicher Blick bietet. Wanderung 29 verläuft oberhalb des Tals am Hang des Psiloritis,

Beim Auf- und Abstieg am Tripiti schweift der Blick zum Berg Samitos und zu einem Stausee im Ligiotistal.

122 Landschaften auf Westkreta

jenem mächtigen Bergmassiv, das sich östlich des Kedros erhebt.

Es geht los, indem wir die Kirche von Ano Meros rechts liegenlassen und der Straße nach Süden folgen. Sogleich genießen wir den herrlichen Blick auf den Psiloritis, der auf Seite 125 abgebildet ist. Unten im Tal liegt Fourfouras (Wanderung 29). Wir gehen an der ersten, schmalen Treppe (Odos Markou Botsari) vorbei, die rechts abzweigt, und nehmen die *nächste* Rechtsabzweigung — ein gestufter Betonweg. Am oberen Ende der Stufen biegen wir nach links, dann sogleich nach rechts. Der Betonweg steigt steil an, setzt sich am Ortsrand geschottert fort und verläuft schließlich als Fußweg an einem Wasserkanal entlang.

Wir stoßen auf einen Schotterweg (**8Min**) und folgen ihm nach rechts. Zwei Minuten später gehen wir auf dem Hauptweg an einer Linksabzweigung vorbei. Wir wandern auf die Berge zu; rechts unten liegt ein Tal. Stellenweise erkennen wir auf der Mitte des Weges die Spuren eines ehemaligen Wasserkanals. Dann biegen wir rechts ab (**20Min**), um die verfallene Kapelle Kaloidhena zu besuchen. Sie ist Teil eines Klosters, das 1821 von den Türken zerstört wurde. Die Kapelle mit ihrer herrlichen Aussicht liegt oberhalb eines schattigen, betonierten Picknickgebietes, in das man durch ein Tor gelangt. Neben dem Tor sprudelt eine klare Quelle. Stufen führen zur Kapelle hinauf, die bis auf die Glocke größtenteils verfallen ist. Der Blick schweift über das Amarital, und man kann immer noch einen Teil des Flusses Platis erkennen.

Um die Wanderung fortzusetzen, kehren wir zu der Wegverzweigung zurück und gehen nach links hinauf. An der nächsten Verzweigung wandern wir nach links weiter und lassen ein altes verfallenes Gebäude rechts oben liegen. Direkt hinter der Verzweigung liegen links unten die Überreste einer alten Wassermühle. Nach einigen Minuten gehen wir durch ein Tor und sogleich scharf nach rechts (auf dem Felsen vor uns befindet sich ein Wegzeichen). Binnen 50 m scheint sich der Weg zu verlaufen. Hier gehen wir links einen Pfad hinauf (Hosen oder lange Strümpfe sind jetzt vorteilhaft). Der Pfad biegt am Ende eines ummauerten Weinbergs nach links. In der Nähe eines Zauns verzweigt sich der Pfad; wir halten uns rechts. Während des Aufstiegs wird der Verlauf des Pfades klarer.

Sehr bald überqueren wir einen Schotterweg. Wenn wir emporblicken, sehen wir direkt vor uns Steinmännchen. Die Route ist nur sehr spärlich mit Steinmännchen markiert; wir müssen die vor uns liegende Anhöhe überqueren. Nachdem wir auf dieser Anhöhe auf einen Weg gelangen, *achten wir auf diese Stelle,* so daß wir sie auf dem Rückweg wieder finden. Wir folgen dem Weg nach rechts. Man kann entweder auf dem Weg bleiben, auf dem es sich leichter geht, oder ihn nach etwa 50-60 m verlassen, wo sich der mit Steinmännchen markierte Pfad nach links bergab fortsetzt. Unsere Autorinnen ziehen es vor, eine Weile auf dem Pfad zu bleiben. An dieser Stelle sollten wir auch auf die quadratische Bresche vor uns achten — unser Ziel!

Der Pfad ist ab und zu mit roten Wegzeichen markiert und folgt einem Wasserrohr. Nachdem er sich verzweigt und parallel zueinander zu verlaufen scheint, wandern wir weiter auf die quadratische Bresche zu. Unsere Route verläuft weiter am Wasserrohr entlang und führt zu einem offenen Wasserkanal und einem betonierten Brunnen. Wir gehen am Kanal entlang, bis wir eine Gruppe ausgewachsener Kastanien und Mandelbäume erreichen. Davor überqueren wir den Wasserkanal und folgen den Wegzeichen, die unvermittelt bergaufführen. Sobald wir wieder auf den Weg stoßen, folgen wir ihm nach links. Hinter der nächsten Biegung gehen wir links auf dem Pfad weiter. Dies ist wieder einmal ein Beispiel dafür, wie ein Fahrweg einen schönen Pfad zerstört. Fünf Minuten später müssen wir auf dem Weg weitergehen. Wenn wir zu der quadratischen Bresche hinaufblicken, sehen wir unterhalb davon in einem Felskliff einen Viehpferch.

Wir erreichen die Anhöhe (**2Std**). Der Weg endet an einem Kar, wo Tiere rasten und Schutz suchen. Links oberhalb des Kars liegt eine stinkende Höhle. Falls Nebel aufgezogen ist, empfiehlt es sich *nicht*, weiter aufzusteigen, da es danach keine Wegzeichen mehr gibt. Hoffentlich erlauben es die Wetterbedingungen, weiterzuwandern und ein einladendes Ziel zu erreichen. Von der Höhle abgewandt, wenden wir uns nach links — so weit, als ob wir uns auf ihre Rückseite begeben wollten. Wir überqueren eine niedrige Felsmauer, klettern dann links die Felsen empor und steigen zu einer freistehenden Kermeseiche an. Rechts von diesem Baum gehen wir über ein kleines Plateau (Weidegebiet) bergab. Von hier aus erkennen wir eine Betonsäule auf dem Gipfel. Sie scheint weit entfernt, aber es sind nur etwa 20 Minuten bis dorthin; weglos steigen wir auf (**2Std20Min**). Oben angekommen, blicken wir auf die Mesara-Ebene, auf der Festos und Agia Triada liegen, und auf die kleine Insel Paximadia, die direkt vor der Küste liegt. In der Ferne ist auch die Halbinsel, die sich bei Agia Galini ins Meer erstreckt, erkennbar.

Wir kehren auf demselben Weg nach Anos Meros zurück (**4Std20Min**). Wir müssen auf die Stelle achten, wo unser Pfad abzweigt; der Fahrweg setzt sich in eine völlig andere Richtung fort.

29 FOURFOURAS • GIPFEL LESKA • FOURFOURAS

Entfernung/Gehzeit: 12 km; 5Std45Min
Schwierigkeitsgrad: Anstrengender Auf- und Abstieg über etwa 900 Höhenmeter. Die Pfade sind unscheinbar; größtenteils geht man weglos.
Ausrüstung: Wanderstiefel, Anorak, Sonnenhut, Kompaß, Proviant, Getränke
An- und Rückfahrt: 🚌 nach Rethimnon und zurück (Fahrplan 1); Fahrzeit 1 Std. Weiterfahrt mit dem 🚐 nach Fourfouras und zurück (nicht in den Fahrplänen aufgeführt; Abfahrt Rethimnon montags bis samstags 7 und 14 Uhr, sonntags 14 Uhr; Abfahrt Fourfouras montags bis freitags 7.15 und 15 Uhr, samstags 9 und 16.15 Uhr, sonntags 15.20 Uhr); Fahrzeit 1Std15Min. Oder 🚗 nach Fourfouras und zurück.

Es ist schwer vorstellbar, daß der erhabene Psiloritis und das wunderschöne Amarital im Zweiten Weltkrieg eine große Rolle gespielt haben. Und doch war es so, denn hier gab es viele mutige Widerstandskämpfer. Auf einer guten Tageswanderung steigen wir zum Geodätischen Punkt auf dem Gipfel Leska auf. Von hier aus schweift der Blick nach oben und unten über die Landschaft; wir können uns kontemplativen Gedanken hingeben und uns in die Vergangenheit zu versetzen versuchen. Angesichts der Buszeiten muß man beim Aufstieg zügig gehen, doch damit man sich nicht hetzen muß, sollte man eine Taxifahrt zurück nach Rethimnon in Erwägung ziehen. Denn eigentlich sollte man sich Zeit lassen in dieser historisch interessanten Gegend, zumal der Wegverlauf nicht immer ganz eindeutig ist.

Der Bus hält bei einer Tankstelle am Ortsrand von Fourfouras. Der rundliche Berg in der Talmitte heißt Samitos; dahinter liegt der höhere und längere Kedros (Wanderung 28). Beide haben sanftere Formen als der anspruchsvolle Berghang, den wir heute besteigen wollen. Hinter der Tankstelle blicken wir auf die zerklüfteten Gipfel rechts unten am Psiloritis — unser Ziel! Dahinter ändern sich Form und Farbe der Hänge dieses großartigen Berges.

Zunächst gehen wir in die Richtung zurück, aus der der Bus gekommen ist. Wir nehmen den ersten, betonierten Weg, der rechts abzweigt und auf die Berge zuführt. Nach etwa 30 m gehen wir an einer Verzweigung rechts weiter. An der nächsten Verzweigung, die nach 60 m kommt, biegen wir rechts auf einen geschotterten Feldweg (der betonierte Weg setzt sich nach links fort). Unmittelbar nach einem riesigen betonierten Fußballplatz (**13Min**) gehen wir an der ersten Verzweigung scharf nach rechts bergauf. Wir folgen dem Weg an einer Verzweigung nach links; eventuell muß man ein Weidegatter durchschreiten (**25Min**). Falls es ein Gatter gibt, sollte man es im vorgefundenen Zustand lassen. Wir wandern weiter auf die Berge zu, die nun nicht mehr so fern sind. Der Weg biegt scharf nach rechts. Kurz hinter dieser Biegung verlassen wir den Fahrweg; ein Steinmännchen markiert den Fußweg, der links eine Böschung hinaufführt. An dieser Stelle befinden sich drei Felsen vor uns, die wie überdimensionale Backenzähne aussehen.

Nun beginnt unser Aufstieg (**35Min**). Der Pfad führt rechts an den »Bakkenzähnen« vorbei und erreicht die Öffnung einer Schlucht, die tief in den Berghang eingeschnitten ist. Auffallend ist eine freistehende Kermeseiche. Etwa zehn Schritte hinter dem Baum lassen wir ein Steinmännchen unbeachtet (sofern wir es überhaupt

sehen) und nehmen die nächste Abzweigung, die etwa 50 Schritte hinter dem Baum kommt. Wir gelangen zwischen dem Felsgrat und der Schlucht auf einen Pfad. Obwohl er zunächst nicht besonders gut zu erkennen ist, wird er nach kurzem Anstieg (d.h. nach etwa 50 m) weitaus besser und im Verlauf eindeutig. Wir achten auf einen auffälligen Felsen am Wegesrand, der die Form eines großen Tieres hat. Unmittelbar danach bietet sich ein wunderschöner Ausblick auf Fourfouras hinab und zum Kedros hinüber. An klaren Tagen kann man von hier oben die kretische Südküste erkennen, obwohl man noch recht weit zum Gipfel Leska aufsteigen muß. Wie mag erst der Ausblick von dort oben sein!

Der Pfad wird schmal und sehr steil (**1Std05Min**). Bald sehen wir links einen Felsen; eine Kermeseiche wächst aus drei getrennten Stämmen. Hinter diesem Baum kann man meilenweit über die nördlichen Ausläufer des Amaritals blicken. 30 Schritte nach diesem Felsen verzweigt sich der Pfad. Wir gehen nach links bergauf (der linke, untere Pfad folgt einem Wasserrohr). Es gibt jetzt weder einen klaren Pfad noch eindeutige Wegzeichen. Weglos steigen wir auf und steuern dabei die rechte Seite des nächsten Felsens an. Nachdem wir den Felsen und die umgebenden Bäume erreicht

Vom Kafeneion in Ano Meros, wo Wanderung 28 beginnt, blicken wir auf Fourfouras und zum Psiloritis (Ida-Gebirge) hinauf. Diese Wanderung führt uns in die tiefergelegenen Gebirgsausläufer — die zerklüfteten Gipfel unterhalb des Psiloritis.

haben (**1Std30Min**), wenden wir uns nach rechts und wandern auf einem ziemlich schmalen Band zwischen Felsen zur Linken und einer baumgesäumten Schlucht zur Rechten (Schwindelgefahr; **1Std35Min**). Wir durchqueren den Anfang (d.h. die höchste Stelle) der Schlucht und wandern nach rechts bergauf, bis wir eine freistehende Kermeseiche erreichen (**1Std50Min**). Wenn wir emporblicken, kommt hinter diesem Baum rechts der Rand der großen Schlucht in Sicht; ein schönes Rastplätzchen!

Schließlich (gut **2Std**) sind wir in einem auffälligen bewaldeten Gebiet mit Kermeseichen und Kiefern, das Viehherden als Schutz dient. In der Mitte befinden sich erstaunliche Felsbrocken und eine verfallene Hirtenhütte. Wenn wir uns links von der Hirtenhütte hinstellen und bergaufblicken, sehen wir zwei Kermeseichen, die beiderseits eines Felsbrockens stehen, auf dem sich ein auffälliger weißer Klecks befindet. Er sieht wie ein Wegzeichen aus, aber tatsächlich ist es eine Flechte. Wir gehen zwischen den beiden Bäumen hindurch und wandern einen Pfad empor, der nach rechts schwenkt und grob zur rechten Seite einer orangefarbenen Felswand hinaufführt. Hier biegt der Pfad bergauf und folgt dem Rand der Schlucht. Wir erreichen ein weiteres, flacheres und dichter bewaldetes Weidegebiet, das geschützter liegt (**2Std30Min**). Inmitten des dicht bewaldeten Gebietes liegt ein großer Felsbrocken. 20 m rechts davon (wenn man den Hang emporblickt) ist ein rosafarbener Felsen erkennbar. Links davon befindet sich ein weiterer großer Felsbrocken. Links von diesem Felsbrocken folgen wir einem schwer erkennbaren Pfad. Wir steigen direkt den Hang empor und kommen zwischen zwei sehr hohen Felsen heraus, die zusammen ein »U« bilden. Während wir weiter zur Anhöhe aufsteigen, erblicken wir links eine riesige freistehende Felssäule (**2Std37Min**). Der Pfad führt ungefähr in diese Richtung. Links von der Felssäule gibt es einige kleinere Felsbrocken. Diese Felsbrocken lassen wir etwa 50 m rechts liegen; dicht an dem linken Grat entlang steigen wir auf.

Wir erreichen einen Sattel mit Blick auf das nördliche Tal (**3Std**). Danach geht es viel leichter voran, und es ist nicht mehr weit bis zum Geodätischen Punkt und dem wunderschönen Ausblick auf dem Leska-Gipfel (**3Std15Min**). Hier oben gibt es außerdem eine steinerne Hirtenhütte und ein neueres Steingebäude. Etwa 20 m unterhalb der anderen Gipfelseite (auf einem Plateau namens Korakia) sehen wir einen neuen Weg, der zum Nachbarort Vistayi hinabführt.

Wir wandern in ungefähr zweieinhalb Stunden zur Tankstelle in Fourfouras zurück; auf dem Rückweg ist die Orientierung etwas leichter (**5Std45Min**).

30 DIE KAMARESHÖHLE

Entfernung/Gehzeit: 10 km; 5Std10Min
Schwierigkeitsgrad: Anstrengender Auf- und Abstieg über 950 Höhenmeter; Trittsicherheit und Behendigkeit sind erforderlich. E4-Wegzeichen; unterwegs reichlich Wasser.
Ausrüstung: Feste Schuhe, Sonnenhut, Wasserbehälter, Taschenlampe, Proviant
An- und Rückfahrt: 🚌 nach Kamares und zurück. (Montags bis freitags gibt es auch einen 🚐 von Rethimnon (Fahrplan 19), aber die Zeiten sind zu knapp, um die Wanderung rechtzeitig zu beenden.)

Diese Wanderung führt zu einer riesigen Höhle, wo einst kunstvolle Töpferwaren gefunden wurden. Unter dem Namen Kamares-Keramik sind sie heute im Museum in Iraklion ausgestellt. Die großartige Höhle mit ihrer 42 m breiten und 19 m hohen Öffnung läßt sich erkunden. Wenn man in sie eindringt und links von der Mitte Ausschau hält, wird man im Boden die etwa 5 m breite Vertiefung entdecken, wo die Töpferwaren in einer Erdspalte gefunden wurden. Für erfahrene Kletterer und Wanderer mit entsprechender Ausrüstung ist Kamares ein guter Ausgangs- und Endpunkt für Touren zum Nidha-Plateau und auf den Psiloritis.

Wir stellen das Auto neben der Hauptstraße vor der Kirche im Dorf Kamares ab. **Zunächst** gehen wir von der Kirche nach Osten durch den Ort. Gleich links kommt eines von mehreren schönen alten Kafeneions. An der ersten Verzweigung, in deren Mitte ein Telegrafenmast steht, gehen wir geradeaus bergauf (rechts zweigt die Straße Odos Ay Georgiou ab). Alsbald kommt eine Drei-Wege-Verzweigung, an der wir links die asphaltierte Straße des 25. März hinaufgehen.

Oben auf der Anhöhe stoßen wir auf die Hauptstraße; an Schild an der Kreuzung weist geradeaus zur »Cave of Kamares«. Wir überqueren die Hauptstraße und gehen auf einer alten betonierten Straße weiter. Nach fünf Minuten Anstieg endet die betonierte Fahrbahn, und es setzt sich ein holpriger Fahrweg fort. Rechts oben erblicken wir das erste E4-Zeichen. Direkt dahinter beginnt der Pfad.

Er zweigt scharf rechts vom Fahrweg ab; wir folgen ihm und dürfen *nicht* geradeaus auf den Wassertank zugehen. Der Pfad biegt steil bergauf, und das nächste E4-Zeichen ist auf einem Baum zu sehen. Bald sind auch alte rote Wegzeichen erkennbar. Bald hinter dem Baum biegt der Pfad nach links; rechts beginnt ein Wasserkanal. In Kanälen oder Rinnen begleitet uns das Wasser während eines Großteil

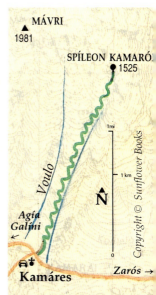

des Aufstiegs; mehrere Wassertröge bieten Gelegenheit zum Trinken.

Der Pfad führt zum Anfang eines Weges (**15Min**); wir gehen nach links und schließen uns am Ende einiger Viehtränken wieder dem Pfad an, der rechts ansteigt. Direkt hinter einem E4-Zeichen biegt der Pfad nach rechts und verzweigt sich. Während wir den Hang überqueren, achten wir zur Sicherheit auf Steinmännchen. Fünf Minuten später bietet sich ein phantastischer Blick, während sich der Pfad dem Rand einer Schlucht nähert. Von dem Aussichtspunkt führt der Pfad in die Richtung zurück, aus der wir gekommen sind. Binnen drei Minuten erreichen wir einen Trog, in den frisches Wasser vom Berghang hineinstürzt.

Schließlich kommen wir in den Wald; gleichzeitig beginnen Steinmännchen als Markierung (**1Std15Min**). Zehn Minuten später halten wir links nach einer Stelle Ausschau, um zwischen den Bäumen hindurch zu einem Fels aufzusteigen, von wo sich ein sehr guter Blick in die Voulo-Schlucht bietet. Der Pfad verflacht sich und gewährt weitere Ausblicke in die Schlucht. Bald jedoch verläuft der Pfad wieder zwischen den Bäumen und steigt erneut an. Dann (**1Std50Min**) kommt ein weiterer Trog mit frischem Wasser. Wir wandern neben der Wasserrinne weiter und sehen bald ein E4-Zeichen, das den weiteren Routenverlauf zeigt. Nach zehn Minuten Anstieg kommt der nächste Wassertrog. Vor dem Trog scheint sich der Pfad zu teilen; wir halten uns rechts (Osten).

Danach ist der Pfad sehr steil und unwegsam; man muß trittsicher sein. Nachdem wir aus Richtung Osten bergauf gebogen sind und weiter von den E4-Zeichen geführt werden, erreichen wir einen weiteren Wassertrog. Fünf Minuten später, nachdem wir zu einer Betonzisterne aufgestiegen sind, setzt sich der Pfad an ihrer Vorderseite vorbei nach rechts ansteigend fort; hier ist er mit roten Farbklecksen markiert. Eine Viertelstunde später folgen wir den Wegzeichen fast senkrecht die Felsen hinauf. Fünf Minuten später schauen wir empor und sehen rechts des Pfades den Höhleneingang. Während wir uns der Höhle nähern, führen mehrere mit Steinmännchen markierte Routen zu ihr hin.

An einem Felsbrocken, der mit roten Pfeilen markiert ist, verzweigt sich der Pfad (**2Std35Min**). Wir gehen links auf zwei freistehende Kermeseichen zu. Schließlich sind wir oben in der Öffnung der Höhle (**3Std**). Hier kann man rasten, ehe man in die Höhle eindringt.

Der Rückweg zum Dorf Kamares ist etwas kürzer (**5Std10Min**).

Oben: Blick aus der riesigen Höhenöffnung; Mitte: Wir nähern uns der Höhle; unten: Die kargen Hänge des Psiloritis unterhalb der Höhle, auf denen verstreute Kermeseichen stehen.

31 ELEFTHERNA

Entfernung/Gehzeit: 7 km; 1 Std 45 Min (bzw. mit Abstechern bis zu 4 Std.)
Schwierigkeitsgrad: Ziemlich leichtes Auf und Ab über etwa 100 Höhenmeter, jedoch einige steile Stufen. Ein kurzer Abschnitt der Route ist mit E4-Zeichen markiert.
Ausrüstung: Feste Schuhe, Sonnenhut, Proviant, Getränke, Taschenlampe
An- und Rückfahrt: 🚌 nach Rethimnon und zurück (Fahrplan 1); Fahrzeit 1 Std. Weiterfahrt mit dem 🚌 nach Archaia Eleftherna und zurück (Fahrplan 18); Fahrzeit 1 Std. Oder mit dem 🚗 nach Archaia Eleftherna und zurück.

Diese kurze Wanderung führt in ein üppiggrünes Tal mit Oliven, Orangen, Zypressen und Kiefern; im Frühling leuchtet es vor farbenfrohen Wildblumen und Veilchen. Der hinreißend gelegene dorische Stadtstaat Eleftherna (10. Jh. v. Chr.) und eine großartige Brücke aus hellenistischer Zeit sind die Hauptattraktionen dieser Tour. Falls es einem nichts ausmacht, auf demselben Weg zurückzulaufen, kann die Wanderung bis auf vier Stunden ausgedehnt werden.

Ausgangspunkt ist das Ortszentrum von Archaia Eleftherna. Wir folgen der Straße, die zur Akropolis und der gleichnamigen Taverne ausgeschildert ist. Nach 200 m nehmen wir direkt rechts von der Taverne den Pfad. Eine Minute später erreichen wir den gegenüber abgebildeten byzantinischen Turm. Er erhebt sich auf einem nach Norden weisenden Rücken zwischen zwei Bächen, der zu beiden Seiten steil abfällt — eine ideale Verteidigungsposition für eine antike Akropolis. Diese Wanderung wird uns in das westliche Tal hinabführen, dann nach Norden über die Stelle hinweg, wo die beiden Täler zusammenkommen, und schließlich wieder auf den Kammrücken hinauf.

Wir folgen dem uralten Pfad links vom Turm (Picknick 31) und laufen dann einige Minuten geradeaus, ehe wir scharf nach links hinabgehen. (Der rechte, schmalere Pfad setzt sich nach Norden fort; auf ihm werden wir am Ende der Wanderung wieder zurückkommen.) Während wir um die Biegung gehen, erblicken wir links eine Reihe antiker Zisternen, die aus dem Fels herausgehauen wurden und von gewaltigen Steinsäulen gestützt werden. Diese Zisternen sind vermutlich römischen Ursprungs oder sogar noch älter, und es lohnt sich, sie in Ruhe zu besichtigen.

Der Pfad setzt sich bergab fort; er führt an einer Felswand aus Sandstein (links) und einer (ausgetrockneten) Quelle mit Wassertrögen vorbei. Eine Minute später kommt eine Verzweigung, an der links ein Weg abzweigt. Wir folgen rechts dem Erdweg. Er biegt nach links und führt nach einer Minute zu einer Verzweigung, an der wir rechts (nach Norden) auf dem Pfad mit dem schwarz-gelben Wegzeichen (E4) weitergehen. *Aufmerksam achten wir* auf unsere nächste Abzweigung. Sie kommt nach drei Minuten auf der linken Seite (rechts beginnt hier eine Steinmauer) und ist leicht zu verpassen. (Etwa 20 m *unterhalb* dieser Abzweigung markieren einige unauffällige schwarz-gelbe Wegzeichen und ein E4-Zeichen auf einem Baum die Route. Einige Minuten

Wanderung 31: Eleftherna

hinter der Abzweigung liegt links des Pfades eine kleine eingezäunte archäologische Ausgrabungsstätte.)

Wir folgen den schwarz-gelben E4-Wegzeichen nach links zum Bachbett hinab und auf der gegenüberliegenden Talseite empor. Dann gehen wir an einem rechts abzweigenden Pfad vorbei und steigen einige Erdstufen hinauf. Nachdem wir auf einen Weg stoßen (**30Min**), gehen wir *nicht* weiter die Stufen mit den E4-Zeichen hinauf, sondern folgen dem Weg nach rechts. Binnen weniger Minuten sehen wir rechts einen betonierten Weg, der zu der oben erwähnten archäologischen Ausgrabungsstätte führt und den Abstecher lohnt (*zusätzlich* 15 Minuten hin und zurück).

Wir wandern auf dem Weg weiter. Er beschreibt zwei Spitzkehren, während er zum Bachbett hinabführt und dieses schließlich auf einem kleinen Wasserkanal überquert. Etwa 25 Schritte danach sehen wir einen uralten Pfad, der rechts ansteigt — unser späterer Rückweg. Gegenwärtig bleiben wir jedoch auf dem Weg, der über einen weiteren betonierten Wasserkanal führt und allmählich ansteigt. Sobald der Weg scharf nach rechts biegt, gehen wir genau in der Spitze dieser ersten Kehre links den Pfad hinab (eventuell muß man durch ein Drahttor gehen). Dieser enge, steile Pfad verläuft auf einem schmalen Vorsprung auf der östlichen Talseite, ehe er zum Bachbett hinabführt. (Ein Stückchen weiter zweigt ein Pfad ab, der ebenfalls zum Bachbett führt. Im Frühjahr, wenn der Bach zuviel Wasser führt, bleiben wir auf diesem oberen Pfad.) Beide Routen führen uns zu einer Brücke aus hellenistischer Zeit (**1Std**), einem der Höhepunkte dieser Wanderung — ein herrliches, schattiges Rastplätzchen (Picknick 31).

Von hier folgen wir dem Pfad auf der östlichen Talseite empor, bis wir auf einen alten, angenehm überwucherten Weg gelangen. (An dieser Stelle kann man einen wunderschönen Abstecher machen, indem man dem Weg nach links folgt, bis sich das Tal öffnet; anschließend kehrt man zu dieser Stelle zurück. Hin und zurück sind es anderthalb Stunden.) Auf der Hauptwanderung gehen wir an dieser Stelle *rechts* in Richtung des Rückens von Archaia Eleftherna zurück. Sogleich durchschreiten wir ein Drahtgatter und gelangen auf einen anderen Weg; es ist derselbe, den wir zuvor verlassen haben. Nach zwei Spitzkehren sind wir wieder an der Stelle, an der wir den Pfad zur Brücke hinabgegangen sind.

Picknick 31: Der byzantinische Turm von Eleftherna

Wir laufen auf demselben Weg zurück, bis wir links auf den zuvor erwähnten uralten Pfad abbiegen. Sogleich zweigt rechts ein steiler Pfad ab, an dem wir vorbeigehen. (An dieser Stelle erhebt sich der Rücken von Archaia Eleftherna zu unserer Rechten.) Unser Pfad kommt nur ein kurzes Stückchen weiter an der *nächsten* scharfen Rechtsabzweigung. Wir steigen viele Stufen empor und gehen nach fünf Minuten an einem rechts abzweigenden, schmalen Pfad vorbei. Dann folgen wir einem sehr steilen Pfad, der im Bogen nach links ansteigt. Er zwängt sich zwischen zwei großen Büschen hindurch und kommt auf dem Kammrücken heraus. Wir gehen rechts zwischen Hangterrassen zum Turm zurück und folgen dabei dem westlichen Hang des Rückens. Eine Rechtsabzweigung, die bergabführt, bleibt unbeachtet. Eine Minute später erreichen wir ein kleines Plateau (**1Std 30Min**). Der Pfad verläuft weiter am Westrand des Rückens, aber wer sich für Archäologie begeistert, kann geradeaus die eingezäunte Ausgrabungsstätte besuchen.* Die Hauptwanderung folgt noch ungefähr zehn Minuten dem Pfad, bis wir wieder die antiken Zisternen erreicht haben. Von hier folgen wir dem Pfad am byzantinischen Turm vorbei bis zur Taverne Akropolis (**1Std45Min**).

*Falls man die antike Stätte richtig erkunden will, wandert man auf dem Pfad weiter, der am Westrand des Rückens verläuft. Nach vier Minuten folgt man einem schmalen Pfad, der scharf links durch ein behelfsmäßiges Drahtgatter ansteigt. Dieser Pfad führt auf ein Plateau, in dessen Mitte die tonnengewölbte (dachlose) Kirche Agia Irini steht. Man kehrt auf den Hauptpfad zurück und geht zwei Minuten weiter, bis die letzte kleine Überraschung dieser Wanderung kommt. Links steigt ein anderer Pfad eine Böschung zu einem Plateau an, das nur etwa 30 m breit ist. Man überquert es zur gegenüberliegenden (östlichen) Seite. Hier findet man einen Pfad, der zu einer Art schmalem Hangvorsprung hinabführt. Einige Schritte weiter kommt der Eingang zu einem uralten Tunnel, der aus dem Fels gehauen wurde. (Eine Taschenlampe ist hier hilfreich.) Der Eingang sieht ziemlich klein aus, aber sobald man den Tunnel betritt, ist er überraschend groß. Anscheind wurde er in vergangenen Zeiten dazu benutzt, Wasser von den Zisternen zu den Behausungen am Osthang des Rückens zu leiten.

BUSFAHRPLÄNE

Die angegebenen Zeiten *können sich ändern*; die Sommer- und Winterfahrpläne wechseln Mitte Mai bzw. Mitte September. **Die hier abgedruckten Fahrpläne sind Sommerfahrpläne**, die in der Hochsaison gelten. Im Frühjahr und Herbst fahren die Busse weniger häufig. Man sollte sich an einem Busbahnhof aktuelle Fahrpläne besorgen. Insbesondere bei Bussen, die *vermutlich* am frühen Morgen fahren (z.B., weil sie hier entsprechend aufgeführt sind), sollte man nachfragen. Es kann nämlich sein, daß die Fahrer denken, man würde als Urlauber niemals so früh aufstehen! Außerdem ist zu beachten, daß die Ferienorte von weiteren Buslinien bedient werden; vor Ort sollte man sich die entsprechenden Fahrpläne besorgen. **Expreßbusse** halten nicht überall. Siehe das Ortsregister, um rasch die Fahrplannummer für jedes Ziel herauszufinden; auf den Seiten 8 und 9 ist die Lage der Busbahnhöfe zu sehen.

Busse von Hania

1 Hania–Rethimnon; täglich; Fahrzeit 1 Std. (fährt weiter nach Iraklion; siehe Fahrplan 2 unten)
Abfahrt von Hania: 05.30, 06.30, 07.30, 08.00, 08.30, 09.00, 09.30, 10.00, 10.30, 11.00, 11.30, 12.00, 12.30, 13.00, 13.30, 14.00, 14.30, 15.00, 15.30, 16.00, 16.30, 17.00, 17.30, 18.30, 19.30, 20.30. *Expreßbus: 08.45, 09.15, 11.15*
Abfahrt von Rethimnon: 06.15, 07.00, 07.30, 08.30, 09.00, 09.30, 10.00, 10.30, 11.00, 11.30, 12.00, 12.30, 13.00, 13.30, 14.00, 14.30, 15.00, 15.30, 16.00, 16.30, 17.00, 17.30, 18.00, 18.30, 19.00, 19.30, 20.00, 20.30, 21.00, 22.00. *Expreßbus: 12.45, 13.45, 15.45*

2 Hania–Iraklion (über Rethimnon); täglich; Fahrzeit 2 Std.
Abfahrt von Hania: wie für Fahrplan 1 oben
Abfahrt von Iraklion: 05.30, 06.30, 07.30, 08.00, 08.30, 09.00, 09.30, 10.00, 10.30, 11.00, 11.30, 12.00, 12.30, 13.00, 13.30, 14.00, 14.30, 15.00, 15.30, 16.00, 16.30, 17.00, 17.30, 18.00, 18.30, 19.00, 19.30, 20.00, 20.30. *Expreßbus: 11.15, 12,15, 14.15*

3 Hania–Omalos; täglich; Fahrzeit etwa 45 Min.
Abfahrt von Hania: 06.15, 07.30, 08.30, 16.30
Abfahrt von Omalos: 07.30, 08.45, 09.45, 17.45

4 Hania–Hora Sfakion; täglich; Fahrzeit etwa 2 Std.
Abfahrt von Hania: 08.30, 11.00, 14.00
Abfahrt von Hora Sfakion: 07.00, 11.00, 16.30, 18.30

5 Hania–Paleohora; täglich; Fahrzeit 2 Std.
Abfahrt von Hania: 08.30, 10.30, 12.00, 14.30, 17.00
Abfahrt von Paleohora: 07.00, 12.00, 13.30, 15.30, 18.00

6 Hania–Sougia; täglich; Fahrzeit 1 Std. 30 Min.
Abfahrt von Hania: 08.30, 13.30
Abfahrt von Sougia: 07.00, 17.00

7 Hania–Kolimbari; täglich; Fahrzeit 30 Min.
Abfahrt von Hania: 06.00, 07.15, 08.00, 08.30, 08.45, 09.15, 09.30, 10.00, 10.30, 11.00, 11.30, 12.00, 12.30, 13.00, 13.30, 14.00, 14.30, 15.00, 15.30, 16.30, 17.30, 18.00, 18.30, 19.30, 20.00, 20.30, 21.00, 21.30, 22.20, 22.30
Abfahrt von Kolimbari: 05.20, 06.30, 07.20, 07.45, 08.00, 08.20, 08.50, 09.00, 09.20, 09.50, 10.00, 10.10, 10.40, 10.50, 11.10, 11.30, 11.40, 11.50, 12.10, 12.40, 13.00, 13.10, 14.10, 14.20, 14.40, 15.00, 15.40, 15.50, 16.10, 16.40, 17.00, 17.10, 17.50, 18.10, 18.30, 19.30, 20.00, 20.10, 20.40, 21.10, 21.40, 22.10

8 Hania–Kastelli-Kissamou; täglich; Fahrzeit 45 Min.
Abfahrt von Hania: 06.00, 07.15, 08.30, 09.00, 10.00, 11.00, 12.00, 13.00, 14.00, 15.30, 16.30, 17.30, 18.30, 19.30, 20.30
Abfahrt von Kastelli: 05.00, 06.00, 07.00, 07.30, 08.00, 08.30, 09.30, 10.30, 11.00, 12.30, 14.00, 15.30, 16.30, 17.30, 18.30, 19.30

9 Hania–Kato Stalos–Agia Marina–Platanias–Maleme; täglich
Abfahrt von Hania: 08.15 und alle 15 Min. bis 11.00; 11.30 und alle 30 Min. bis 16.00; 16.15 und alle 15 Min. bis 19.30; 20.00 und alle 30 Min. bis 23.00
Abfahrt von Maleme Beach Hotel: 08.15 und alle 15 Min. bis 11.00; 11.30 und alle 30 Min. bis 16.00; 16.15 und alle 15 Min. bis 19.30; 19.45 und alle 30 Min. bis 22.45

10 Hania–Elafonisi (und Kloster Chrisoskalitisas); täglich; Fahrzeit 1 Std. 15 Min.
Abfahrt von Hania: 08.00
Abfahrt von Elafonisi: 16.00

11 Hania–Plakias (über Rethimnon); täglich; Fahrzeit 1 Std. 45 Min.
Abfahrt von Hania: 06.30, 07.30, 08.00, 10.00, 12.30, 14.30, 16.00
Abfahrt von Plakias: 07.00, 09.15, 09.30, 11.05, 13.05, 15.00, 17.30, 19.00

Busse von Rethimnon

12 Rethimnon–Hania; täglich; Fahrzeit 1 Std.
Abfahrt von Rethimnon: siehe Fahrplan 1
Abfahrt von Hania: siehe Fahrplan 1

13 Rethimnon–Iraklion; täglich; Fahrzeit 1 Std. 30 Min.
Abfahrt von Rethimnon: 06.30, 07.30, 07.45, 08.30, 08.45, 09.15, 09.45, 10.15, 10.45, 11.15, 11.45, 12.15, 12.45, 13.15, 13.45, 14.00, 14.15, 14.45, 15.15, 15.45, 16.15, 16.45, 17.15, 17.45, 18.15, 18.45, 19.45, 20.45, 21.45. **Express: 09.45, 10.15, 12.15**
Abfahrt von Iraklion: siehe Fahrplan 2

14 Rethimnon–Preveli; täglich *(nur im Sommer);* Fahrzeit 40 Min.
Abfahrt von Rethimnon: 09.30, 11.30, 16.00, 17.30
Abfahrt von Preveli: 10.35, 12.35, 17.05, 18.35

15 Rethimnon–Asomatos–Plakias; täglich; Fahrzeit 40 Min.
Abfahrt von Rethimnon: 06.15, 08.00, 09.30, 11.30, 14.15, 16.00
Abfahrt von Plakias: wie für Fahrplan 11 oben

16 Rethimnon–Hora Sfakion; täglich; Fahrzeit 1 Std. 30 Min.
Abfahrt von Rethimnon: 08.00, 14.15 (nicht sa., so.)
Abfahrt von Hora Sfakion: 11.00 (nicht sa., so.), 17.30

17 Rethimnon–Omalos; täglich; Fahrzeit 2 Std. 30 Min.
Abfahrt von Rethimnon: 06.15, 07.00
Abfahrt von Omalos: über Hania; siehe Fahrplan 3 oben

18 Rethimnon–Eleftherna; täglich; Fahrzeit 1 Std.
Abfahrt von Rethimnon: 06.15, 10.30, 12.45
Abfahrt von Eleftherna: 07.00, 11.05, 16.00

19 Rethimnon–Timbaki–Mires (für Kamares); mo.–fr.; Fahrzeit 1 Std. 30 Min.–2 Std.
Abfahrt von Rethimnon: 07.00
Abfahrt von Kamares: 13.50

Busse von Kastelli-Kissamou (siehe auch Fahrplan 8 oben)

20 Kastelli–Hania–Omalos; täglich; Fahrzeit 3 Std.
Abfahrt von Kastelli: 05.00, 06.00, 07.00, 14.00
Abfahrt von Omalos: über Hania; siehe Fahrplan 3 oben

21 Kastelli–Hania–Hora Sfakion; täglich; Fahrzeit 3 Std. 45 Min.
Abfahrt von Kastelli: über Hania; siehe Fahrplan 4 und 8
Abfahrt von Hora Sfakion: 17.30

Ortsregister

Dieses Verzeichnis enthält lediglich Ortsnamen. Für alle weiteren Angaben siehe das Inhaltsverzeichnis, Seite 3. Eine **fett** gedruckte Seitenzahl weist auf eine Abbildung hin, eine *kursiv* gedruckte Seitenzahl auf eine Karte. Beide können zugleich eine Textstelle auf derselben Seite bezeichnen. Die Busfahrpläne sind auf Seite 133-134 abgedruckt. Aussprachehinweis: Die betonte Silbe trägt einen Akzent. Das »g« wird vor hellen Vokalen als »j« ausgesprochen.

Agiá 11, 22, 44, *45,* **46**
Agía Fotiní 35-6
Agía Galíni **33**, 34
Agía Iríni 86, *87*
  siehe auch Irínischlucht
Agía Marina 16, *46,* 134
Agía Rouméli *101, 102-3,* 104
Agía Sophiá (Höhlenkapelle unweit Topolia) 19, *82-3,* 85
Agía Tría (Kapelle unweit Paleohóra) 20
Agía Triáda
  Minoischer Palast unweit Festós 33-4
  Kloster auf der Halbinsel Akrotíri 25-6
Agios Ioánnis 35-6
Agios Ioánnis Giónis (Kapelle auf der Halbinsel Rodopoú) 13, 72-3, *74-5*
Agios Ioánnis Theológos (Kapelle unweit Gerakári) **34-5**, 36
Agios Nektários 30, 113, *114-5,* 116
Agios Pávlos (Kapelle auf der Halbinsel Rodopoú) **72-3**, *74-5*
Akrotíri (Halbinsel) 25, *71*
Alíkampos 28, *58-9,* 60
Amárital **10**, 13, 36
Ano Méros 36, 121-2, *123,* **125**
Anópolis **31**, *106-7,* 109
Apóstoli 35-6
Aptéra (Stätte) 27, 33
Arádhena **105**, *106-7,* 108
  Schlucht 104, **105**, *106-7*
Argirimoúri 57, *58-9*
Arméni **31**, 33
Asféndos 113, *114-5,* 116
Askýfou 28, 29, **112**, 113, *114-5*
Asómatos 12, 28, 31, *117,* 120, 134
Astrátigos *74-5,* 77

Chromonastíri *64-5,* 67-8
Drakónas 27, 47, *48-9*

Elafonísi 4, 16, 19, *90-1,* 134
Eléftherna (Stätte) 12, 130, **131**, *132,* 134
Elos 16, 19
Epanohóri 22, 23, 86, *87*
Epískopi 28, 32

Falasárna 18
Féstos (Stätte) 33, 34
Fourfourás 35-6, 124, *125,* **125**, 126
Fournés 22, 24, 47
Frangokástelo (Stätte) 28, 30

Georgioúpoli 11, 28, **29**, 32-3, 56, 57, *58-9,* 60, 61
Gerakári **34-5**, 36
Gíngilos (Berg) 92, **93**, 94, **95**, *96-7*
Gramvoúsa (Halbinsel) **18-19**

Haniá 16, 20, 22, 25, 27-8, 33, 35, **85**, 133-4
  Stadtplan **8**
  Hóra Sfakíon 28, 30, **31**, 33, *101,* 104, *106-7,* **110**, 111-2, *114-5,* 116, 113-4

Ida (Berg und Gebirge; auch Psiloritis genannt) **10**, 34, 36, *125,* **128-9**
Imbros 12, 30, 111, *114-5*
  Schlucht **12**, 30, 111, *114-5*
Iráklion 133-4
Irínischlucht 22, *64-5,* 67, 86, *87,* **87**

Káli Amigdáli *58-9*
Kallérgi-Hütte (in den Weißen Bergen) **95**, *96-7,* 98
Kaloudianá 19
Kamáres *127,* 128, 134
  Höhle *127,* **128-9**
Kámbi 11, 27, 52, *54-5,* 56
Kándanos 20-1
Kapadianá *64-5,* 66, 68-70
Karés 28, 113, *114-5*
Kastélli-Kissamou (normalerweise heißt es nur Kastelli) 16, 18, 133-4
Katohóri 11, 27, 50, **51**, *54-5*
Káto Stalós 17, 44, *45,* **46**, 134

Katsomatádos 12, 19, 80, **81**, *82-3,* 84-5
Kédros (Berg) 34, 36, 121
Kloster
  Chrisoskalítisas 16, 19, 134
  Goniá 17, *74-5,* **76**, 77
  Gouvernéto 12, 25, **26**, *71*
  Katholikoú **26**, *71*
  Préveli 28, *117,* **119**, 120, 134
Kolimbári 17, *74-5,* **76**, 77, 133
Komitádes 30, 111-2, *114-5*
Kounoupidianá 25-6
Kournás 32, 60
  See 11, 32, *58-9,* 61
Kourtaliótikoschlucht 12, 31, *117*
Kríos-Strand *90-1*

Lákki 22, **24-5**, 47, *48-9*
Leská (Gipfel) 124, *125,* 126
Levká Ori (»Weiße Berge«) 1, 11, 21-2, 27-8, 50, *112*
Likotinará *58-9*
Linoséli (Sattel unterhalb des Gíngilos) 92, 94, *96-7*
Lisós (Stätte) *88-9;* 89
Livanianá 104, *106-7*
Loutró **Umschlagfoto**, *102-* **103**, 104, *106-7,* 109-10

Máleme 16, 134
Marioú 30
Mávri (Berg) **95**, *96-7,* 98
Melindaoú (Berg) **95**, *96-7,* **98**
Mesklá 47, *48-9*
Missiriá *64-5*
Mirthios 30, 35
Moní (Kloster oder Kapelle); siehe Kloster
Mourí 80, *82-3*
Mourniés 27
Mýli *64-5,* **66**, 68, 70

Néa Roúmata 22
Nío Horió 50-1, *54-5*

Omalós-Ebene 22, 24, 99, *101,* 133-4

135

136 Landschaften auf Westkreta

Paleohóra 20, *88-9, 90-1,* 133
Perivólia *64-5,* 66, 68
Plataniás *46,* 134
Plátys (Fluß) **10**, 12, 36
Polirínia 11, 16-7, 78, **79**, *82-3*
Prasés 22
Prasiés 35, **62**, *64-5*
Prassanósschlucht 35, **62**, 63, *64-5*
Profítis Ilías (Kapelle oberhalb Rethimnon) 11, *64-5,* 67
Psilorítis *siehe* Ida

Réthimnon 11, 28, 32-3, 35-6, *64-5,* 66, 133-4
Stadtplan *9*
Rodopós 72, *74-5,* 76
Rodopoú (Halbinsel) 17, 72, *74-5,* 76

Samariáschlucht 23, 24, 95, 99, 100, *101,* 104
Sásalos 81, *82-3,* **84**
Seliá
  unweit Mírthios 28, 30
  unweit Georgioúpoli *58-9*
Sfinári 16, 18
Sirikári 78, *82-3*
Soúda 25-7
Soúgia 12, 20, **21**, 22-3, 86, *87,* 88-9, 133
Spíli 33
Stalós **2**, 44, *45*
Stavrós **25**, 26
Stílos 50-1, *54-5*

Tavronítis 17, 20
Thériso 11, 47, *48-9*
Thrónos 35
Topólia 12, 16, 19, *82-3,* 84-5
  Schlucht 19, 80, *82-3,* 84-5

Trípiti (Berg) **121**-*123*

Váthi 16, 19
Vólika-Hütte 52, **53**, *54-5,* 56
Voukoliés 20
Voulgáro 19, 80, *82-3*
Vríses
  unweit Haniá 28, 33
  unweit Ano Meros 36
Vríssinas (Berg) *64-5,* **69**

Weiße Berge *siehe* Levka Ori

Xilóskala (hölzerne Treppe in die Samariáschlucht hinab) 24, 92, 94-5, *96-7,* 99-100, *101*

Zoúrva 51, 52